KB148442

불가능성의 정치신학

클리나멘 총서 011

불가능성의 정치신학: 정치적 우상의 신학적 기원

초판1쇄 펴냄 2022년 9월 23일

지은이 손기태
펴낸이 유재건
펴낸곳 (주)그린비출판사
주소 서울시 마포구 와우산로 180, 4층
대표전화 02-702-2717 | **팩스** 02-703-0272
홈페이지 www.greenbee.co.kr
원고투고 및 문의 editor@greenbee.co.kr

편집 홍민기, 신효섭, 구세주, 송예진 | **디자인** 권희원, 이은솔
마케팅 유하나, 육소연 | **물류유통** 유재영, 유연식 | **경영관리** 유수진

ISBN 978-89-7682-691-6 93100

學問思辨行: 배우고 묻고 생각하고 판단하고 행동하고

독자의 학문사변행을 돕는 든든한 가이드 _그린비 출판그룹

그린비 철학, 예술, 고전, 인문교양 브랜드
엑스북스 책읽기, 글쓰기에 대한 거의 모든 것
곰세마리 책으로 크는 아이들, 온 가족이 함께 읽는 책

클리나멘총서 011
CLINAMEN

THE THEOLOGICAL ORIGINS OF POLITICAL IDOLS

불가능성의 정치신학

정치적 우상의 신학적 기원

손기태 지음

그린비

서문
탈신성화의 정치신학을 위하여

21세기를 전후로 타우베스, 바디우, 지젝, 데리다, 아감벤 등 현대 정치철학자들이 신학, 특히 바울의 사상에 주목하게 된 것은 분명 이례적인 일에 속한다. 아니, 요즘 시절에 무슨 신학? 너무도 지나친 시대적 역행 아닌가? 근대 이후로 서구 사상은 일관되게 종교로부터의 자유를 추구해 왔다. 천상의 권위를 지상으로 끌어내려 이성의 시대, 인간의 시대를 열고자 한 것이다. 그런데 현대 정치철학자들은 이러한 역사적 흐름을 거스르며 신학에 관심을 두기 시작했다. 그들은 어째서 바울을 다시금 불러들이는 것일까? 옛 시절로 되돌아가려는 것이 아니라면, 신학을 통해 대체 무엇을 하려는 것일까?

현대 정치철학자들의 이러한 시도는 근대 이후로 서구 정치가 그리스도교 신학과 매우 밀접한 관련 속에서 발전해 왔다는 진단에서 출발한다. 사실 그리스도교는 근대 안에서 이중적인 위상을 지니고 있었다. 계몽주의적 이성에 의해 비판되고 극복되어야 할 대상이면서도, 동시에 근대를 기획하고 만드는 데 있어 주요한 내적 논리를 제공했던 것 또한 그리스도교였기 때문이다. 근대 정치와 신학이 외적으로 각기 분리된 것처럼 보여도 서로 긴밀하게 결속해 있을 뿐 아니라 동형적인 방식으로 작동하는 것은 이러한 이유에 서다. 단순히 정교분리라는 당위적 원칙만으로 접근해서는 오늘날 의 정치를 온전히 이해하기도, 그에 대한 해결책을 찾기도 어려운 까닭이 여기 있다. 그런 점에서 '종교에 대한 비판은 모든 비판의 전 제'라고 했던 마르크스의 언급을 오늘날 새로이 음미할 필요가 있 을 것이다.

'근대 국가론은 세속화된 신학 개념'이라고 했던 칼 슈미트의 언급을 빌리지 않더라도, 근대 정치는 국가, 민족, 인종, 계급, 역사 등에 대해 절대적이고 보편적인 지위를 부여하는, 이른바 '신성화' 하는 시도를 해왔다. 니체의 지적대로, 신의 죽음 이후에 국가, 민 족, 인종 등 정치적 우상들이 신의 자리를 대신 차지했던 것이다. 어쩌면 신보다도 더 강력하게, 더 많은 것을 바치도록! 현대 정치 철학자들은 이러한 정치적 우상들의 신학적 기원을 폭로함으로써, 즉 '탈신성화'함으로써 그 신비적 외피를 벗겨 내고자 한다. 흥미로 운 지점은 이들이 바울의 정치적 급진성을 새로이 사유함으로써 기 존의 마르크스주의 정치이론이 지녔던 한계를 극복하는 사상적 자 원으로 활용하고자 한다는 점이다. 이는 전통적인 신학이 포착하지 못했던 급진적 면모의 바울을 탈근대적인 정치철학의 문제의식과 접목시키는 방식으로 이루어진다. 바울의 급진적 사상을 통해, 근 대 정치에 의해 배제되고 추방되어 왔던 소수자들의 '메시아적' 정 치의 가능성을 타진하고자 한 것이다. 현대 정치철학의 이러한 시도는 정치와 종교를 대립적 관계로 파악하던 근대적 문제설정에서 벗어나 정치와 종교에 관해 새롭게 사유하도록 이끌고 있다.

이 책을 통해 살펴보고자 한 것은 바울과 함께 돌아온 현대 정치철학과 정치신학의 관계다. 현대 정치철학의 탈근대적 문제의식을 온전히 파악하기 위해서는 정치신학에서 말하는 메시아적 사유의 급진성에 대해 먼저 이해하는 것이 필요하리라 본다. 서구와 달리, 우리에게는 그리스도교 신학이 낯선 학문일 수밖에 없다. 특히 성서의 정치신학이 메시아 사상과 관련하여 어떻게 형성되어 왔는지는 정치철학 연구자에게도 생소할 수밖에 없는 주제다. 이를 위해 성서의 정치신학과 메시아주의에 관해 개략적으로 소개하는 내용을 2부에 포함시켰다. 또한, 현대 정치철학은 탈근대적 문제의식을 통해 기존의 신학적 연구가 포착하지 못하는 지점을 예리하게 보여 주고 있다. 이와 관련해서 최근 신학자들과 종교학자들의 현대 정치철학과 관련한 연구논문들이 나오고 있는데, 앞으로 이러한 논의가 정치와 신학에 새로운 시각으로 접근하는 데 중요한 통찰을 제공해 주리라 생각한다.

1부에서는 현대 정치철학이 신학에 주목하게 된 배경을 다룬다. 우선, 니체, 하이데거, 벤야민 등 현대 철학자들이 근대와 관련하여 종교에 대해 어떻게 평가하고 있으며, 이들의 문제의식이 어떻게 정치신학과 만나게 되는지 살펴볼 것이다(1장). 그리고 그리스도교 신학이 어떻게 서구 문명을 인류 문명의 정점으로 받아들이도록 고대 이스라엘 역사를 발명해 냈는지에 관해서도 다루고자 한다. 이는 오늘날 이스라엘-팔레스타인 사태와 연관된 주제이기도 하다(2장).

2부에서는 성서의 정치신학이 메시아주의를 등장시킨 역사적 배경을 개략적으로 살펴본다. 고대 이스라엘 민족의 왕정 수립 이후, 국가의 정당성을 둘러싸고 상반된 관점의 신학이 등장하게 되었다. 이는 메시아에 대한 상이한 이미지가 등장하는 배경을 이룬다(3장). 또한, 이스라엘의 패망 이후 메시아에 대한 기대는 배타적인 유대 민족주의로 치닫게 되었는데, 이러한 경향과 거리를 두었던 예수가 어떻게 정치범으로 몰려 십자가형에 처하게 되었는지 살펴볼 것이다(4장). 그리고 기존에 알려진 모습과 달리 바울은 출신, 신분, 성, 계급 등의 차별을 뛰어넘는 급진적인 사상을 갖고 있었다. 이러한 바울의 메시아주의가 갖는 정치신학적 의미에 대해 다룰 것이다(5장).

마지막 3부에서는 현대 정치철학자들이 정치신학에 관련하여 진행한 논의들을 살펴본다. 우선 현대 정치철학으로 하여금 신학에 주목하도록 이끈 칼 슈미트의 정치신학과 벤야민의 논의를 근대 국가론 비판의 맥락에서 알아본다(6장). 그리고 바디우와 데리다, 아감벤 등 현대 정치철학자들이 바울과 메시아주의를 어떻게 바라보고 있는지, 아울러 '탈신성화'의 정치신학의 가능성에 대해서도 타진해 볼 것이다(7장).

오늘날 정치신학은 사라졌는가? 지금도 여전히 정치는 신학을 불러내어 새로운 우상들을 만들어 내고 있는 것은 아닌가? 스스로 자신을 신성화하면서 세속적 형태로 정치를 신학화하고 있는 것은 아닌가? 파시즘의 발흥을 보면서 벤야민은 기존의 '메시아'라는 신학적 관념조차 정치화함으로써 문제는 '정치의 신학화'가 아니라 '신학의 정치화'였음을 말하고자 했다. 이러한 벤야민의 사유를 방향 짓던 '구원'은 어쩌면 '세속적 구원'이라 불러야 하리라. 탈신성화의 정치에서 '아무것도 아닌 자'들의 진정한 메시아적 삶의 가능성을 내다보고자 했던 것이다.

신의 이름을 내걸고 감행되었던 지난 세기의 전쟁과 테러, 정치적 분쟁은 여전히 우리 곁에서 떠나지 않고 있다. 사람들의 눈을 가리고 귀를 막는 정치적 우상들과 대결하려는 우리의 노력 또한 늦추거나 멈출 수 없는 이유다. 출간을 목전에 둔 지금 이 책이 세상에 어떻게 비칠지 조금은 설레고 또 두려운 마음이다. 이 작은 몸짓이 독자들께 무사히 잘 당도하기를 바라고 또 바랄 뿐이다.

2022년 9월
연희동 수유너머104에서
손기태

차례

일러두기

1 인용된 성경구절들은 『성경전서 표준새번역』(대한성서공회 편집부 엮음, 대한성서
   공회, 2000)을 참조하였다.
2 단행본·전집·정기간행물 등은 겹낫표(『 』)로, 논문·단편·회화·영화 등은 낫표(「 」)로
   표시했다.
3 외국 인명이나 지명, 작품명 등은 2002년에 국립국어원에서 펴낸 외래어 표기법
   을 따르는 것을 원칙으로 했다. 다만 관례가 굳어서 쓰이는 것들은 관례를 따랐다.

1부

현대 정치철학과 정치신학

1장

현대 정치철학은 어째서 신학에 주목하는가?

1. 다시 소환되는 정치신학

베버의 말처럼, 근대는 종교와 주술이 지배하던 시대에서 벗어나 과학적, 합리적 질서가 지배하는 세상을 추구하던 시대였다. 베버는 이를 다음과 같이 설명한다. "이것은 세계의 탈주술화를 뜻합니다. 그러한 신비하고 예측할 수 없는 힘의 존재를 믿은 미개인이 했던 것처럼 정령을 다스리거나 정령에게 간청해서 그 마음을 움직이기 위해 주술적 수단에 호소하는 따위의 일은 우리는 더 이상 할 필요가 없습니다. 정령에게 부탁했던 일들을 오늘날은 기술적 수단과 계산이 해줍니다."[1] 즉, 종교와 주술이 과학으로 대체되며, 전통적 권위나 카리스마적 권위가 합법적, 합리적 권위로 바뀌어 가는 과

---

1 막스 베버, 「직업으로서의 학문」, 『'탈주술화' 과정과 근대 학문, 종교, 정치』, 전성우 옮김, 나남출판, 2002, 46쪽.

정이었다. 그래서 계몽주의적 이성으로 사회가 합리적으로 바뀌어 갈수록 종교는 옛 시대의 유물이 되고 언젠가 사라지게 되리라는 것이다. 근대 이후로 종교는 더 이상 사회 현상이나 자연 현상에 대한 답변을 제공해 줄 수 없게 되었다. '코페르니쿠스의 발견'은 이러한 사태를 보여 주는 하나의 상징적 사건이라 할 수 있다. 이전에 종교가 맡던 영역을 과학이 차지하기 시작하였고, 종교는 공적 영역에서 퇴각하여 개인의 내면 속에서나 가까스로 연명할 수 있게 되었다. 이른바, 정교분리의 시대가 시작된 것이다.

근대는 옛 시대의 유토피아를 신앙이 아닌 과학 자체의 힘으로 실현하고자 했다. 역사가 최종적인 완성을 향해 나아간다는 믿음은 과학적 합법칙성에 따른 필연적 결과로 설명되었고, 과학적 이성으로 설명될 수 없는 것은 추방되어야 했다. 아직 계몽되지 못한 비서구 세계에 이성의 빛으로 야만을 몰아내는 것은 새로운 시대적 사명mission이 되었다. 이성을 통해 역사의 합법칙적 발전의 최종 완성 단계에 이를 수 있다는 서구 계몽주의 이성의 신화가 새롭게 자리하게 된 것이다.

하지만 근대가 만들어 낸 사회가 과연 종교적 혹은 신학적 사고에서 진정으로 자유로웠다고 말할 수 있을까? 이에 대해 쉽게 단정할 수는 없을 듯하다. 근대 정치에 여전히 종교적 관념이 뿌리 깊게 자리하고 있음을 지적한 사람은 흥미롭게도 나치의 계관법학자 칼 슈미트였다. 정치신학political theology이라는 용어가 널리 쓰이게 된 것도 그에 의해서다. 그는 근대 국가론의 주요 개념들이 모두 세속화된 신학 개념이었다는 파격적인 명제를 제시하였다.[2] 칼 슈미트가 바라보는 국가란 자신의 운명을 타의에 맡기지 않고 스스로 결정할 수 있어야만 하는 존재다. 마치 신이 자연 만물을 다스리는 최고의 존재인 것처럼, 국가의 최고 결정권, 즉 주권을 소유한 통치자도 국민에 대해 최고의 지배권을 지닌다. 그는 시대별로 제각기 다른 국가 권력의 형태가 당대의 형이상학적 세계상과 동일한 구조를 지니며, 그것의 신학적 표현이 곧 신에 대한 개념의 차이로 나타난다고 보았다. 군주제를 지지하던 시대에는 초월적 유일신 개념이 지배적이었고, 계몽주의 이후 민주주의를 강조하던 시대에는 이신론理神論, 즉 신을 초월적 존재가 아닌 세계 안에 내재하는 보편적인 원리로 보는 신 개념을 수용했다. 슈미트는 계몽주의 이후로 진행된 세속화에도 불구하고 정치란 지상을 지배하는 최고 권위를 무엇에 둘 것인지 확정하는 문제였으며, 그런 점에서 신학적 관념을 배제하고서는 이해할 수 없는 성질의 것임을 지적하였다. 근대 국가론이 일종의 세속화된 신학이었다는 슈미트의 주장은 이러한 맥락에서 헤아려 볼 수 있을 것이다.

사실 서구에서 정치신학이 등장하는 것은 그리스도교가 탄생한 지 얼마 되지 않았던 고대 로마 제국 시절로 거슬러 올라간다. 상이한 민족들의 다신교 사회였던 로마를 하나의 제국으로 통일했던 콘스탄티누스 황제가 유일신교인 그리스도교를 로마의 공식 종교로 승인했던 313년이 그 기점이 될 것이다. 향후 그리스도교가 로

---

2 칼 슈미트, 『정치신학』, 김항 옮김, 그린비, 2010, 54쪽.

마 제국의 통치 이념으로 자리하는 중요한 전환점이기도 했다. 로마 제국 자체가 신의 왕국[3]에 대한 일종의 모방이자 유비analogy였다. 한 명의 황제는 하늘에 계신 유일하신 하나님의 통치에 상응했다. 당시의 교부이자 교회사학자였던 유세비우스는 로마의 평화가 곧 신의 섭리라고 하였고, 로마 황제는 이러한 신의 섭리를 지상에 실현하는 만인의 사제로 간주되었다. 세속의 군주가 곧 신을 대신하여 지상을 통치하게 된 것이다. 이렇듯 로마 제국의 신학은 로마의 정치 체제와 질서를 정당화하는 국가의 통치 이념이었고, 서구 역사 속에서 이는 정치신학의 고유한 전형으로 자리하게 된다.

중세는 하나의 거대한 그리스도교 왕국christendom이었다. 국가는 그리스도교화되었고, 그리스도교는 국가 종교화되었다. 아우구스티누스의 『신국론』을 따라 군주는 '신의 왕국'을 지상에 실현하는 것을 자신의 이상으로 삼았으며, 이교도의 왕국을 정복하여 신의 왕국을 확장하는 것이 곧 신이 인간에게 부여한 역사의 목적을 성취하는 것이라 여겼다. 개종할 때는 살아남지만 이에 대한 거부는 곧 죽음을 의미했다. 한 손에는 칼, 다른 한 손에는 성서를 들고 세계 전역을 정복하는 방식으로 신의 왕국을 확장하고자 했다.

---

3 로마 제국 이래로 '신의 왕국'(the kingdom of God)이라는 용어는 그리스도교를 국가 이념으로 삼아 기존의 지배 질서를 정당화하고자 지상의 통치 권력과의 유비적인 의미에서 자주 활용되어 왔다. 이와 반대로 지상의 왕국과는 전혀 다른 초월적인 천상세계(하늘나라)를 가리키거나, 또는 기존의 지배 질서에 대항하여 지상에 세워질 혁명적 유토피아(천년왕국)를 지칭하기도 하였다. 이 책에서는 후자의 의미로 사용될 경우, 전자의 '신의 왕국'과 구별하여 '하나님의 나라'로 표현하기로 한다.

근대 이후 서구의 국가들이 제3세계를 정복할 때도 그들은 신의 왕국이 확장되어 가고 있음을 확신했다. 선교mission는 서구 유럽의 근대 문명이 강제적으로 이식되는 과정이기도 했다. 신앙의 자유를 찾아 아메리카로 건너온 청교도들은 우상 숭배를 하던 미개 종족인 아메리카 원주민들을 몰아내고 신대륙에 신의 왕국을 건설한다는 포부를 지니고 있었다. 이집트의 노예였던 히브리 사람들이 가나안 땅에 도착하여 이스라엘이라는 민족을 이룬 것처럼, 미국의 청교도들은 유럽 국가교회의 압제로부터 벗어나 신이 선사해 준 새로운 가나안, 곧 아메리카 대륙에서 '새로운 이스라엘'이 될 것이라 여겼다.

히틀러의 제3제국은 노골적으로 그리스도교 신학을 동원해 역사 속 신의 섭리가 나치 정권을 통해 실현될 것이라고 보았다. 이는 생물학적 진화론과 우생학적 인종주의를 통해서 뒷받침되었다. 독일 제국이야말로 지상에서 실현되는 신의 왕국이었고, 이를 최종적으로 완성할 메시아적 지도자는 히틀러였다. 나치 치하의 독일 기독교와 아우슈비츠는 서구 정치신학의 파국적 결말이 어떤 것인지 적나라하게 보여 준 것이라 하겠다.

한편, 이와 상반된 방식으로 지배 질서를 전복하려는, 아래로부터의 급진적 정치신학 또한 만날 수 있다. 기존의 정치적·종교적 지배 질서로부터 벗어나 새로운 사회를 세우려는 혁명적 흐름들로, 중세 천년왕국 운동이나 종교개혁 시기의 토마스 뮌처 등의 재세례파 운동이 대표적이다. 「요한계시록」에 따르면, 종말의 때에 새로운 유토피아 시대가 지상에 천 년간 펼쳐지게 된다. "또 나는, 예수

의 증언과 하나님의 말씀 때문에 목이 베인 사람들의 영혼과, 그 짐
승이나 그 짐승 우상에게 절하지 않고 그들의 이마와 손에 표를 받
지 않은 사람들을 보았습니다. 그들은 살아나서, 그리스도와 함께
천 년 동안 다스렸습니다."(20장 4절) 여기에서는 기존의 사회질서
가 모두 사라지고 심지어 교회도 사제 계급들도 다 사라지게 될 것
이다. 민족도 없고 계급도 없으며 부자도 가난한 자도 없게 된다. 더
이상 어느 누구도 눈물을 흘리거나 죽음을 맞는 일도 없을 것이다.
"하나님께서는 친히 그들과 함께 계시고, 그들의 눈에서 모든 눈물
을 닦아 주실 것이니, 다시는 죽음이 없고, 슬픔도 울부짖음도 고통
도 없을 것이다. 이전 것들이 다 사라져 버렸기 때문이다. […] 보아
라, 내가 모든 것을 새롭게 한다."(21장 3-5절) 재세례파들은 천년왕
국이 실현되기 직전인 당시의 세상이 사탄에 의해 지배되고 있으며
교황은 사탄의 앞잡이인 적그리스도라고 여겼다. 자신들은 신에 의
해 선택된 백성들로서 메시아의 도래에 의해 기존의 지배 질서가
붕괴되고 가난과 예속 상태로부터 완전히 해방되어 태고 시대의 자
유와 평등이 실현되기를 희망했다.[4]

이러한 급진적 정치신학은 매우 다양한 양상으로 전개되었다.
특히 근대 이후로는 '종교사회주의'에서 다시금 등장하게 되는데,
이들은 예수가 제창한 '하나님의 나라'의 혁명성을 강조하면서 자
본주의 질서에 맞서 노동자 계급의 정치적·경제적 해방을 추구하

---

4 야콥 타우베스, 『서구 종말론』, 문순표 옮김, 그린비, 2019, 230쪽.

였다. 20세기 이후로는 유럽에서만이 아니라 제3세계에서도 이러한 급진적 정치신학이 나타나게 되었다. 마르크스주의 정치철학을 신학에 접목시킨 남미의 해방신학이나 한국의 민중신학 등이 그것이다. 이들에게 예수는 프롤레타리아 혹은 억압받는 민중 자신이자 그들을 위해 싸우는 혁명가로 그려졌으며, 그리스도교는 코뮌적 이상을 실현하는 종교로 받아들여졌다. 오늘날에는 반자본주의, 소수자, 여성, 환경 등 각종 다양한 사회적·정치적 이슈와 광범위한 신학적 논의들까지 포괄하여 넓은 의미로 '정치신학'이라 부르기도 한다.

다른 한편, 유물론적 정치철학인 마르크스주의에서도 그리스도교 신학과의 친화성을 찾을 수 있다. 역사가 일직선적인 발전 과정을 통해 최종 완성을 향하여 진보한다는 근대의 신화를 마르크스주의 또한 공유하고 있었다. 즉, 역사는 경제적 생산력의 발전에 따라 합법칙적으로 발전하며 생산력이 극대화된 최종 단계에 도달함으로써 모든 사람이 소유와 권력으로부터 해방되는 '자유의 왕국'을 이룬다는 것이다. 마치 역사의 종국에 하나님의 나라가 완성되리라는 그리스도교 종말론처럼 말이다. 물론 이는 종교적 믿음이 아닌, 자본주의적 생산관계의 극복을 통해서 비로소 이루어지는 것이다. 엥겔스나 카를 카우츠키 등은 초기 그리스도교 공동체로부터 자신들이 추구하는 '자유의 왕국'과 유사한 원시 공산주의의 특성을 찾아내기도 했다. 엥겔스에게서 재세례파의 토마스 뮌처는 사적 소유를 철폐하고 필요에 따라 분배하는 '공산주의적' 원리를 시도한 혁명가에 다름 아니었다.

한편, 동독의 마르크스주의 철학자 에른스트 블로흐는 오히려 종교적 이상 속에 인류의 오랜 염원인 코뮨적 희망의 원리, 다시 말해 더 나은 삶과 희망에 대한 꿈이 잘 표현되고 있다고 하였다. 특히 성서에서 보여 주는 것은 "사랑의 공산주의"였다.[5] 구약의 출애굽 탈주공동체가 꿈꾸었으며 아모스와 이사야 등의 예언자들이 외쳤고 예수에 의해 선포된 '하나님의 나라'야말로 진정한 유토피아이자 희망의 원리였다는 것이다. 블로흐는 아우구스티누스를 인용하여 "종교의 위대한 과업은 무엇보다도 이단자를 낳는 것"에 있다고 하였다.[6] 특히 예수의 사상과 실천은 그리스도교 안에 내재한 '반란'의 성격이 무엇인지 잘 드러내고 있다. 그리스도교의 역사가 로마 제국에 의해 공식화되고 내면화된 것과 달리, 예수의 종말론적 메시아 사상은 종래의 종교적 권위를 거절하고 시대에 대한 거역과 저항을 드러내고 있다는 것이다.

근대 이후로 과연 정치신학은 사라졌는가? 근대는 종교와 주술의 지배로부터 자유로워지고자 했었지만, 근대적 사유체계 안팎에 여전히 신학이 맴돌고 있다는 사실을 부정하기는 어려울 듯하다. 근대가 시작되면서 그리스도교는 비판과 극복의 대상이었지만, 동시에 근대성 형성의 중요한 축이라는 이중적 위상을 지녀 왔다

---

5 에른스트 블로흐, 『희망의 원리 2』, 박설호 옮김, 열린책들, 2004, 1016쪽.
6 에른스트 블로흐, 『저항과 반역의 기독교』, 박설호 옮김, 열린책들, 2009, 9쪽.

고 할 수 있다. 마르크스주의가 근대 자본주의를 돌파하고자 했지만, 그럼에도 근대적 사유체계의 한계로부터 결코 자유롭지 않았다는 사실 또한 외면할 수 없다. 현대 정치철학자들이 기존의 마르크스주의에 대해 비판적으로 지적하고 있는 지점 역시 이와 관련되어 있다. 그런데 다소 기이해 보이는 지점은 현대 정치철학이 다시금 바울을 들추어내면서 마르크스주의의 한계를 극복하는 사상적 자원으로 '신학'을 소환하기 시작했다는 사실이다.

2. 현대 정치철학자들이 신학에 주목한 이유
: 발터 벤야민과 칼 슈미트의 정치신학

1990년을 전후로 동구 사회주의권 국가들이 몰락하면서 기존의 공식적 마르크스주의에 대한 근본적인 반성이 일어나게 되었다. 마르크스주의를 수용해 왔던 해방신학과 민중신학도 마찬가지였다. 마르크스주의의 단선적 역사관을 비롯하여 역사적 유물론의 주요 개념들에 대한 전면적인 재평가 속에서 기존과는 다른 새로운 관점의 정치철학을 재정립할 필요성이 제기된 것이다. 여기서 발터 벤야민의 사상은 정치철학자들이 신학에 시선을 돌리게 된 데 무엇보다도 큰 역할을 하였다고 할 수 있다. 벤야민은 「역사의 개념에 대하여」라는 글에서 유물론이 그동안 외면해 왔던 신학을 적극적으로 받아들일 것을 제안하였는데,[7] 보편사적 역사주의에 빠져 있던 마르크스주의에 성서의 '메시아적 사고'를 접목시킴으로써 진정한 유물론적 역사 개념을 새롭게 정립할 수 있다고 보았다.

마르크스주의 정치철학자들이 신학, 특히 메시아적 사고에 주목하기 시작했다는 점은 분명 이례적인 일처럼 보인다. 야콥 타우베스를 비롯하여 조르조 아감벤, 슬라보예 지젝, 알랭 바디우, 자크 데리다 등은 바울 문헌이 갖는 정치적 측면에 대해 진지하게 다룰 것을 제안하고 있다. 바디우와 아감벤, 지젝 등은 바울에 관한 단행본을 낸 바 있으며, 데리다 또한 바울에 관한 세간의 논의에 응답하면서 마르크스에게서 발견되는 '메시아적인 것'에 대한 사유야말로 기존의 마르크스주의를 새롭게 재구성할 중요한 사상적 자원이라고 보았다.

사실 바울은 전통적으로 마르크스주의 정치철학자들에게 비판의 대상이었을 뿐 결코 환영받던 인물이 아니었다. 엥겔스나 카를 카우츠키 등은 예수와 초기 그리스도교 공동체들에 대해 많은 관심을 보였던 반면, 바울에게만큼은 결코 후한 점수를 줄 수 없었다. 그들에게서 바울은 예수가 지닌 혁명성을 탈각시킨 주범으로 간주되었기 때문이다. 바울의 신학이 로마 제국의 종교로 수용되고 초기 그리스도교 종말론이 지닌 사회변혁적 차원이 제거되면서 그리스도교는 개인의 영혼과 내면세계의 구원만을 위한 현실도피적 종교로 전락하게 되었다는 것이다. 하지만 현대 정치철학자들에 의

---

7 발터 벤야민, 「역사의 개념에 대하여」, 『역사의 개념에 대하여 / 폭력비판을 위하여 / 초현실주의 외』, 최성만 옮김, 도서출판 길, 2008, 330쪽

해 새롭게 소환된 바울은 메시아적 사고를 가장 잘 나타내 주는 사상가이자 혁명가이다. 타우베스는 벤야민의 정치철학이 바울의 메시아적 사고를 중심으로 전개되고 있음을 주장했다.

흥미롭게도, 벤야민에게 근대적 정치 패러다임의 근본적인 한계와 문제점을 보여 주고 새로운 유물론적 사유로 나아가도록 지적 자극을 준 사람은 다름 아닌 칼 슈미트였다. 벤야민은 사상적으로나 정치적으로 대척점에 서 있었던 슈미트의 근대 정치 패러다임에 대한 비판을 부분적으로 받아들이면서도 그의 정치신학과 정면으로 대결함으로써 매우 독창적인 유물론적 정치철학을 세워 가게 된다.

사실 칼 슈미트는 근대의 법 이론 및 국가론이 봉착하고 있던 문제들을 극복함으로써 강력한 주권적 독재국가를 창출하려는 의도를 갖고 있었다. 특히 그는 20세기 초 당시 법학자들이 주장하던 법치국가론의 허구적 중립성을 신랄하게 비판하였는데, 이는 '주권 권력'의 강력한 지배를 통해 근대 정치의 한계와 위기를 돌파하려는 것이었다. 그에게서 정치란 하나의 단일한 주권 권력을 확립하는 문제였고, 특히 주권자 자신의 의지와 결정을 배타적으로 독점하는 것이 주권 권력의 가장 핵심적인 요소라고 보았다. 따라서 주권자는 법의 '외부'에 자리하면서 자신의 판단에 따라 언제든지 기존의 법질서를 중단시켜 "예외상태"를 도입할 수 있는 존재여야 했다. 마치 그리스도교의 유일신이 자신의 뜻과 의지에 따라 창조 세계 전체를 지배하듯이. 법의 외부에서 법을 중지하거나 아니면 아예 그를 폐지하고 새로운 헌법을 설립할 수 있는 강력한 통치를 실행할 주권자를 세우는 것이야말로 국가의 핵심 과제라고 본 것이다.

칼 슈미트의 이러한 발상은 근대 정치가 추구하던 법치국가론, 특히 의회민주주의의 허구성을 비판하는 맥락에서 이루어진 것이었다. 그가 보기에 의회민주주의는 대화와 토론을 통해 마치 사회 구성원 간의 일반적 합의에 이를 수 있다는 환상을 유포한다. 의회민주주의의 다수결이라는 의사 결정 방식 또한 다수의 생각이 곧 보편적인 진리라는 허상을 만들어 낸다. 의회주의자들은 관념적·형식적 균형으로부터 참된 진리를 도출해 낼 수 있다는 착각에 빠져 있다는 것이다. 하지만 의회가 어떻게 작동하고 있는지 보라! 의회란 상이한 이해관계를 갖는 집단들 간의 세력 싸움일 뿐이며, 의회의 의사 결정 또한 힘의 우위를 갖는 집단의 의지에 따라 관철될 따름이다.

벤야민은 슈미트의 이러한 근대 정치에 대한 비판을 부분적으로 수용했지만, 슈미트가 해결책으로 내세운 파시즘적 '주권적 독재'까지 수용한 것은 아니었다. 그가 슈미트에게서 발견한 것은 근대 정치 패러다임의 한계를 넘어서기 위한 중요한 사상적 자원이었다. 무엇보다도 근대 정치에 대한 슈미트의 비판이 역사적 유물론에 매우 중요한 시사점을 지닌다고 본 것이다. 벤야민이 슈미트의 '주권적 독재'에 대항하여 제시한 것은 억압받는 자들의 전통인 '진정한 예외상태'였다. 진정한 예외상태의 도래를 위해 그는 오늘날 '늙고 추한 꼽추 난쟁이'처럼 전락한 '신학'과 손잡을 것을 제안하였다. 신학적 사유 안에서 기존의 유물론자들이 기대고 있던 '역사주의'의 한계를 넘어서도록 해주는 메시아적 사유를 만날 수 있다고 본 것이다. 그는 장기를 두는 자동기계의 예화를 들어 이를 설명한다.

> 한 자동기계가 있었다고 알려져 있는데, 이 기계는 사람과 장기를 둘 때 이 사람이 어떤 수를 두든 반대 수로 응수하여 언제나 그 판을 이기게끔 고안되었다. […] 실제로는 장기의 명수인 꼽추 난쟁이가 그 속에 들어앉아 그 인형의 손을 끈으로 조종하고 있었다. 사람들은 이 장치에 상응하는 짝을 철학에서 표상해 볼 수 있다. '역사적 유물론'으로 불리는 인형이 늘 이기도록 되어 있다. 그 인형은 오늘날 주지하다시피 왜소하고 흉측해졌으며 어차피 모습을 드러내서는 안 되는 신학을 자기편으로 고용한다면 어떤 상대와도 겨뤄 볼 수 있다.[8]

알쏭달쏭하게 들리는 꼽추 난쟁이의 비유는 대체 무엇을 말하고 있는 것일까? 근대 이후로 신학은 계몽주의적 이성을 통해 언젠가 극복되어야 할 낡은 시대의 유물로 취급되어 왔다. 포이어바흐는 신이란 인간이 자신과 닮은 존재를 만들어 낸 것일 따름이라고 일갈했다. 유물론자에게 신학이란 늙고 추한 꼽추 난쟁이처럼 입에

---

8 벤야민, 「역사의 개념에 대하여」, 『역사의 개념에 대하여 / 폭력비판을 위하여 / 초현실주의 외』, 329-330쪽.

올리기조차 부끄러운, 언젠가 역사 속에서 지워져야 할 대상이었던 것이다. 그런데도 벤야민은 어째서 유물론자에게 늙고 추한 신세로 전락한 신학을 자신의 편으로 고용하라고 주문하는 것일까?

여기서 유의할 것은 벤야민이 말하는 '신학'이나 '메시아'라는 단어가 기존의 주류 신학적 전통과는 매우 다른 의미로 사용되고 있다는 점이다. 본래 '메시아'라는 단어는 주변 강대국에 의해 패망한 이스라엘에 민족적 독립을 가져올 새로운 왕을 뜻하는 단어였고, 이스라엘의 독립 가능성이 희박해질수록 왕정 이데올로기와 배타적 유대 민족주의에 의해 그러한 의미가 더욱 강화되어 갔다. 반면, 기존의 왕정 이데올로기와 배타적 유대 민족주의에 대해 비판적인 입장을 보이던 묵시적 예언자들에게서 메시아는 기존의 질서를 중단시키면서 억압받고 버려진 자들에게 해방과 구원을 선사하는, 지상에 '낯선' 질서를 도입하는 존재였다. 이스라엘 민족의 옛 메시아 개념을 해체하는, 달리 말하면 메시아에 반反하는 메시아였던 것이다. 벤야민이 언급하는 메시아는 후자에 더 가까운 개념이라고 할 수 있다.

벤야민은 메시아적 사고를 통해 근대적 역사주의의 테두리 안에 갇혀 경직된 입장에 머물던 기존 사회주의 정당과 그들의 전통적인 유물론이 지닌 한계를 돌파하고자 했다. 그는 제국주의 전쟁에 대한 사회주의 정당의 지지, 민족주의화, 반나치즘 투쟁에서의 무력한 대응 등을 지켜보면서 마르크스주의가 처해 있는 위기와 한계를 절감하게 되었다. 또한, 볼셰비키 혁명 이후의 소련을 방문하면서 그곳에서의 사회주의가 매우 폐쇄적일 뿐만 아니라 사상적으로나 문화적으로 경직되어 있음을 경험하고 크게 낙심한다. 특히 결정적인 사건은 스탈린과 히틀러가 비밀리에 맺은 상호불가침조약이었는데, 이에 충격을 받은 벤야민은 유물론적인 역사관을 재정립하기 위한 「역사 개념에 대하여」라는 마지막 글을 남기게 된다.

벤야민은 기존의 부르주아 정당들만이 아니라 사회주의 정당까지도 미래에 대한 역사주의적 낙관론에서 벗어나지 못하고 있음을 지켜보았다. 그들은 역사의 단선적, 연속적 발전이라는 관념에 기대어 사회주의의 필연적 승리와 자본주의의 자연적인 소멸을 확신하고 있었다. 하지만 벤야민에게 그러한 역사주의적 낙관론은 유물론에 전혀 어울릴 수 없는 허구적 관념론에 불과했다. 근대적 역사주의의 사고방식으로 파시즘에 대응했다가는 백전백패일 수밖에 없다고 판단했다. 유물론자에게 역사는 연속적인 것이 아니라 일종의 불연속적 역사이다. '혁명'이란 바로 지배자들이 유지하고자 하는 역사를 중단시키고 새로운 단계로 비약하는 것을 의미한다. "마르크스는 혁명이 세계사의 기관차라고 말했다. 그러나 어쩌면 사정은 그와는 아주 다를지 모른다. 아마 혁명은 이 기차를 타고 여행하는 사람들이 잡아당기는 비상 브레이크일 것이다."[9]

이처럼 벤야민에게서 메시아적 사고는 기존의 유물론이 갖던 근대적 역사주의의 한계를 돌파하는 데 있어 결정적인 의미를 지닌

---

9 벤야민, 「역사의 개념에 대하여」 관련 노트들, 『역사의 개념에 대하여 / 폭력비판을 위하여 / 초현실주의 외』, 356쪽.

다. 벤야민이 신학 혹은 메시아적 사고를 자주 언급한다는 이유로 그가 유물론에서 종교로 선회했다거나, 신앙 혹은 종교의 힘을 통해 혁명을 실현하려 했다는 식으로 간주할 근거는 없다. 그는 자신의 사고와 신학과의 관계에 대해 이렇게 밝히고 있다. "나의 사고와 신학의 관계는 압지壓紙와 잉크의 관계와 같다. 나의 사고는 신학에 완전히 물들어 있다. 그러나 압지에는 글을 쓴 후에도 흔적이 남지 않는다."[10] 벤야민은 새로운 유물론을 재정립하기 위한 사상적 자원으로서 신학을 적극적으로 받아들인다. 신학이라는 잉크에 완전히 물들도록, 그래서 근대적인 사고의 한계에서 벗어나 새로운 유물론적 사고로 나아갈 수 있도록 신학적 사고에 자신을 최대한 밀어 넣지만 신학을 통과한 이후로 그의 사고는 더 이상 신학에 머무르지 않는다. 글씨가 새겨진 압지에는 신학의 흔적이란 아무것도 남아 있지 않으며, 온전히 새로운 유물론적 사고로 쓰인 글씨만이 존재할 뿐이라는 것이다.

이렇게 새로이 재정립된 유물론적 사고는 무엇보다도 역사 안에 담긴 메시아적 힘을 간파해 낸다. 그것은 아주 희미하게 들리고, 섬광처럼 휙 스쳐 지나가는 것이라서, 이를 알아차리기 위해서는 섬세한 감각이 요구된다. 벤야민은 다른 누구보다도 역사적 유물론자가 그것을 가장 먼저 알아차릴 수 있다고 말한다. 하지만 기존의

---

10 발터 벤야민, 『방법으로서의 유토피아』(아케이드 프로젝트 4), 조형준 옮김, 새물결, 2008, 94쪽.

유물론에서는 이를 간과할 뿐, 제대로 들으려 하지 않았다.

> 우리 스스로에게 예전 사람들을 맴돌던 바람 한 줄기가 스치고 있
> 지 않은가? 우리가 귀를 기울여 듣는 목소리들 속에는 이제 침묵해
> 버린 목소리들의 메아리가 울리고 있지 않은가? [⋯] 그렇다면 우리
> 에게는 우리 이전에 존재했던 모든 세대와 희미한 메시아적 힘이
> 함께 주어져 있는 것이고, 과거는 이 힘을 요구하고 있는 것이다. 이
> 요구는 값싸게 처리해 버릴 수 없다. 역사적 유물론자는 그것을 알
> 고 있다.[11]

역사는 우리에게 무엇을 들려주고 있는가? 역사 속에서 영원
불변한 것이란 없다. 영원한 법칙도, 불변하는 원리도 없다. 지상의
모든 것은 변화를 겪으며 언젠가 사라질 수밖에 없다. 인간은 자신
이 만든 법과 도덕에 영원불변한 최고의 권위를 부여하며, 이를 통
해 모두를 끝없는 죄와 속죄의 굴레에 빠져들도록 만들었다. 하지
만 메시아적 사고는 이러한 종류의 정치신학을 깨뜨리고 해체한다.
법과 죄의 굴레를 끊어 냄으로써 모든 법적·문화적·도덕적 우상들
을 파괴하려는 것이다. 벤야민은 자신의 시도를 '방법으로서의 니
힐리즘'이라고 불렀다. 그것은 모든 것을 공허하게 여긴다는 의미

11　벤야민, 「역사의 개념에 대하여」, 『역사의 개념에 대하여 / 폭력비판을 위하여 / 초현실
　　주의 외』, 331-332쪽.

가 아니다. 모든 것은 언젠가 몰락할 수밖에 없는 무상無常한 것이지만, 역으로 그러한 무상함은 낡은 우상을 깨뜨리는 새로운 혁명적 힘이 탄생하는 계기이기도 하다는 것이다. 벤야민이 매 순간을 메시아가 들어오는 작은 문이라고 말했던 것도 그러한 이유에서다. 현대 정치철학자들이 신학에 관심을 보이기 시작했던 것도 근대적 패러다임의 한계를 돌파하려는 벤야민의 메시아적 사고에 주목하면서부터였다.

3. 종교 비판 이후에 과연 신학은 가능한가?

현대 철학자들의 종교에 대한 주된 비판은 근대성 자체가 여전히 신학적 구도에서 벗어나지 못하고 있다는 점에 놓여 있다. 외견상 서로 대립하는 것처럼 보였던 근대성과 신학이 내적으로는 서로 공모 관계를 유지해 왔다고 보는 것이 더 정확할 것이다. 앞서 살펴본 대로, 현대 국가론의 주요 개념이 모두 세속화된 신학 개념이었다고 했던 칼 슈미트는 각 시대마다 변화해 온 국가 권력의 형태를 반영하여 형이상학적 세계상이 만들어져 왔다고 지적한 바 있다. 그러한 형이상학적 세계상에 따라 당대의 신 개념이 규정되어 왔다는 것이다. 칼 슈미트를 비롯하여 현대 철학자들의 종교 비판은 곧 근대 세계에 대한 비판에 그 초점이 맞추어져 있었다. 마르크스가 언급한 것처럼, 종교에 대한 비판은 종교를 자신의 후광으로 삼고 있는 세상에 대한 비판이었던 것이다.[12] 따라서 현대 철학자들의 종교 비판은 종교를 폐지하거나 반대하는 것이 목표가 아니라, 낡은 신학적 세계상에 의해 지탱되어 온 근대적 지배 질서를 극복하는 것에 초점이 맞춰져 있다고 하겠다. 서로 다른 입장을 지닌 세 명의 사상가 — 니체, 키르케고르, 하이데거 — 는 근대 비판을 위해서 종교 비판 또한 함께 행해질 수밖에 없다는 점을 말하고 있다. 그들이 종교와 신학에 던진 질문이 어떤 것이었는지 들어 보도록 하자.

니체의 "신은 죽었다"는 말

니체는 근대를 '신의 죽음'의 시대로 진단했다. 그의 저서 대부분이 그리스도교에 대한 매우 신랄한 비판을 담고 있다는 것은 주지의 사실이다. 그는 신을 죽음에 이르게 한 당사자가 다름 아닌 근대인들이었다고 말한다. 근대의 시작과 함께 신의 죽음이 시작되었다는 것이다. 그런데 정작 근대인들은 자신이 저지른 일이 무엇인지 제대로 모르고 있다. 니체는 『즐거운 지식』에서 광인의 입을 통해 이렇게 말하고 있다.

> "신은 어디로 가셨느냐"고 그는 소리쳤다. "내가 그것을 너희에게 말해 주마! 우리가 그를 죽였다 — 너희들과 내가 말이다. 우리 모두가 그의 살해자다. 하지만 어떻게 해서 우리가 이런 일을 저질렀

---

12 칼 마르크스, 「헤겔 법철학의 비판을 위하여. 서설」, 『칼 맑스 프리드리히 엥겔스 저작 선집 1』, 최인호 외 옮김, 박종철출판사, 1991, 2쪽.

을까?" [⋯] 사람들의 소문에 의하면 그 광인은 그날 여러 곳의 교회
에 뛰어들어 신의 영원진혼곡을 불렀다고 한다. 바깥으로 끌려 나
와 심문을 받았을 때, 그는 오직 같은 말만 계속했다고 한다. "만일
신의 무덤과 묘비가 아니라면 이 교회들은 그럼 도대체 무엇이란
말인가?"[13]

　　니체에 따르면, 근대란 신을 상실한 시대이자 끔찍한 문화적
위기를 초래한 시대다. 사람들은 진정으로 종교를 벗어 버린 것이
아니라, 그를 이성 또는 과학이라는 이름의 위장된 종교로 대체했
다. 그러면서 사람들은 근대 문명에 길들여지고 더더욱 왜소한 삶
으로 전락하고 만다. 이로부터 과학과 이성을 내세우며 화려하게
출발했던 서구 근대 문명은 급속하게 시들어 가기 시작했다. 역설
적이게도 신의 죽음이 선언되자마자 인간의 몰락이 시작되었던 것
이다. 어째서일까?

　　중세까지 신은 모든 진리와 가치를 정초하는 최고의 근거였다.
하지만 근대 이후로 사람들은 더 이상 신에게 그러한 역할을 부여
하지 않게 되었다. 신의 자리에 들어선 것은 과학이었다. 과학이 모
든 진리의 근거가 된 것이다. 그러나 사람들은 이러한 신의 죽음이
라는 사태가 의미하는 바에 대해서 제대로 이해하지 못했다. 니체
에게서 신의 죽음은 곧 모든 것을 다 설명해 줄 수 있는 절대적인

13　프리드리히 니체, 『즐거운 지식』, 권영숙 옮김, 청하, 1995, 184-186쪽.

가치, 유일무이한 기준이 이 세계에는 더 이상 존재하지 않음을 웅변적으로 보여 준 사건이었던 것이다.

근대인들은 과학에게서 신의 역할을 기대했다. 과학을 통해서 모든 것을 설명할 수 있으리라고 기대했건만 과학은 기껏해야 모든 것을 수량화하고 평균화할 따름이며, 그 자체로는 어떠한 창조적 가치를 생산하지 못하고 그저 창백한 사실들만을 나열할 따름이었다. 그럼에도 과학이 자신들을 구원해 주기라도 할 것처럼 맹신하는 이들에게, 과학적 검증을 거쳐야만 진리로 인정될 수 있다는 근대의 신념은 새로운 종교와도 같았다. 하지만 니체가 보기에 과학을 맹신해야만 하는 시대는 스스로 가치를 창조하지 못하는 허무주의의 시대일 따름이다. 그는 근대가 과학을 숭배하게 되면서 인간의 삶이 지극히 범속한 것으로 전락하게 되었다고 지적한다.

자유로운 정신의 소유자였던 예수가 당대의 지배적 질서와 가치관에 대결했던 것과 달리, 오늘날의 종교(그리스도교)는 근대성이라는 시대정신에 흡수되어 왜소해진 인간의 삶에 위안거리나 제공해 주는 것으로 전락하고 말았다. 신의 죽음이라는 현실을 받아들이지 못한 채 그저 흘러간 과거의 사건을 기념하면서 겨우 목숨이나 연명하는 종교가 되고 만 것이다.

그렇다면 신의 죽음 이후로 어느 것에도 의지할 수 없게 된 근대인들은 어떻게 살아야 하는 것일까? 니체는 근대적 인간의 죽음을 선포하고 새로운 인간이 만들어져야 함을 강조한다. 인간이란 언제나 극복되어야 할 존재이다. 그래서 니체는 근대적 인간을 넘어선 새로운 유형의 인간, 즉 초인übermensch이 도래하기를 기대한다.

초인은 신이나 과학, 그 밖의 어떤 초월적이고 보편적인 원리나 법칙에 의존하여 살아가지 않고 스스로 모든 가치를 만들어 내고 새로운 삶을 창조하는 능동적 존재이기 때문이다.

키르케고르의 근대 비판

키르케고르는 자신이 살아가던 근대를 '삶'을 상실해 버린 시대로 바라본다. 철학자들은 삶의 구체성을 이해하려 하기보다는, 보편적인 범주에 따라 분류하고 체계를 세우는 일에만 관심을 두고 있으며 삶과 동떨어진 '객관성'에 대한 환상을 유포함으로써 삶을 그저 추상적인 체계의 일부로 만든다는 것이다. 키르케고르의 이러한 문제의식은 특히 헤겔 철학과 근대 문화, 그리고 당시의 교회와 기독교에 대한 신랄한 비판에서 잘 드러난다. 그는 인간의 삶을 거대한 형이상학적 체계로 설명하려는 헤겔의 시도에 강하게 반발했다. 삶이란 다른 그 어떤 보편적인 원리나 법칙으로 환원될 수 없는, 그 자체로 단독적인singular 것이기 때문이다.

헤겔의 형이상학적 체계는 사유와 존재, 이념과 현실, 주체와 대상이 궁극적으로 일치한다는 전통적인 관념론을 전제로 하는 것이었다. 헤겔의 변증법적 운동이 도달하는 지점은 절대정신으로서의 신神이었다. 근대 이후에, 특히 칸트 이후에 양분되었던 형이상학과 신학이 헤겔에 와서 마침내 하나로 통일된 것이다. 또한 헤겔에게서 역사란 논리적·형이상학적 개념의 합목적적이고 필연적인 변증법적 운동의 전개로 파악된다. 그야말로 역사적 범주와 논리적 범주를 서로 합쳐 놓은 것이다. 삶을 논리적 전개 과정, 즉 변증법적 발전의 양상으로 환원시키는 헤겔의 이러한 시도는 근대의 계몽주의적 기획과도 정확하게 부합하는 것이었다. 그에 따르면, 유한한 인간들의 개별적 삶은 홀로 살아갈 때보다 가족이나 시민 사회와 같은 공동체 속에서 더 많은 이익과 자유를 실현할 수 있다. 이는 개인이 개별적 차원을 넘어서 자신의 의지를 포기할 때 이루어지며 개인으로 하여금 이성적으로 행동하게 하는 근거가 된다. 사회는 절대정신이 자신의 자유를 전개하는 과정이지만 분명한 한계도 존재한다. 우리는 가족이나 시민 사회 안에서의 갈등과 대립을 완전히 피할 수 없으며 각자의 의지 또한 어느 정도 포기해야 한다. 이성적 자유가 완전한 형태로 실현되는 것은 오직 사적 이익과 공적 이익을 일치시키는 국가에서만 가능하다. 국가 안에서 비로소 신적 이성인 절대정신이 추구하는 목적이 실현될 수 있다는 것이다. 하지만 헤겔의 이러한 주장은 개개인의 삶이 지니는 질적 차이를 지워 버리고 국가라는 보편적 체계의 일부로 동일화시키는 것을 의미했다.

하지만 키르케고르는 헤겔의 이러한 기획에 결코 동의할 수 없었다. 삶이란 헤겔의 변증법처럼 연속적이고 단선적으로 발전하는 것이 아니라, 무수한 단절과 비약으로 이루어지는 이질적이고 불연속적인 어떤 것이었다. 인간과 하나님 사이의 관계도 마찬가지였다. 헤겔이 절대정신 안에 놓인 인간의 정신을 말할 때, 키르케고르는 하나님 앞에 홀로 선 단독자로서의 인간을 주장했다. 그에 따르면, 하나님과 인간 사이에는 절대적인 차이가 존재한다. 하나님은 인간에게 '절대적인 타자'일 수밖에 없다. 인간이 하나님과 마주한다는 것은 무한한 질적 비약에 의해서만 가능하다.

키르케고르가 보기에 그리스도교의 위기를 해결하려는 헤겔의 시도는 오히려 위기를 더욱 가속화시킨 것에 불과했다. 그것은 그리스도교의 진리를 보존하려는 것처럼 보이지만, 정반대로 객관화하고 보편화함으로써 무신론적이고 인문학적인 사변으로 쉽게 전환되었다. 절대정신의 자리에 '과학'이 들어섰으며, '국가'가 들어서게 된 것이다. 세계사와 인류의 진보는 근대 이성과 국가에 의해 실현될 것으로 여겨졌다. 하지만 키르케고르가 보기에, '인류' 또는 '대중'과 같은 추상적인 개념으로는 결코 살아 있는 구체적인 인간의 삶을 말할 수 없었다. 개인은 결코 어떤 보편적인 질서나 체계, 종_種의 사례일 수 없다는 것이다. 키르케고르는 헤겔의 견해를 폭넓게 받아들였던 당시의 그리스도교 교회가 점차 관료적이고 세속적인 제도로 전락했다고 비판하였다. 신앙의 도약을 통한 참된 실존으로 이끌기보다, 사람들이 쉽게 받아들일 만한 형식적 교리를 제공해 주는 것에 만족했다는 것이다. 이른바 '공식적인' 그리스도교라는 것은 거대한 신용 사기에 불과하다고 일갈하였다.

하이데거의 '신 없는 신' 혹은 '신적인 신'

하이데거는 서구 형이상학의 역사를 존재-신론onto-theology의 역사로 규정한다. 이는 서구 형이상학이 모든 존재의 근거를 최고 존재로서의 신에게 둔 것에 기인한다. 하지만 하이데거는 서구 형이상학의 이러한 존재-신론적 성격이 오늘날에 이르러 매우 의문스러운 것이 되었다고 말한다. 이는 단순히 근대 이후 과학적 세계관에 의해 생겨난 무신론적 경향 때문이 아니다. 신을 형이상학의 근거로 삼는 철학이나 신학은 앞으로 더 이상 유지될 수 없을 것이기 때문이다.

하이데거는 존재의 의미를 깊이 파고듦으로써 존재-신론으로서의 서구 형이상학을 해체하고자 시도한다. 그는 형이상학적 틀에서 존재자의 존재를 규정하던 시도에서 벗어나, 현실에서 경험되는 '있는 그대로의 삶 자체'로서의 존재를 사유하고자 했다. 그는 초기 저작들에서 신약성서의 바울의 텍스트를 통해 현사실성Faktizität의 삶이 어떤 것인지 드러내려고 한다.

우선, 바울이 보여 주는 현사실성의 삶 자체는 서구 형이상학, 그리고 근대적 사고방식이 추구하던 형식적인 체계나 질서와 거리가 멀다. 바울은 자신이 그 어떤 항구적인 안정성도 없이 불안 속에 놓여 있는 존재라는 것을 깨닫는다. 그는 매 순간마다 '자기중심적인 자기'를 내려놓도록 결단을 요청받는다. 근대의 직선적 시간관과 달리, 현사실적 삶의 역사에서 시간은 결코 어떤 일정한 순서에 따라 진행되는 연대기 같은 것이 아니다. 바울은 시간의 종말이 임박했음을 강조한다. 미래는 언제나 예고 없이, 바울의 표현처럼 '도적같이'(「데살로니가전서」, 5장 2절) 찾아올 것이다. 따라서 세상이 주는 안전함과 평안에 마음을 빼앗기지 말고 늘 깨어 있으라고 말한다.[14]

14　마르틴 하이데거, 『종교적 삶의 현상학』, 김재철 옮김, 누멘, 2011, 124-125쪽.

후기 하이데거는 기존의 인간중심주의적 존재 이해와 결별하고 존재의 울림에 귀 기울이는 비형이상학적 사유로 좀 더 나아가고자 한다. 이는 그가 존재자를 중심으로 사유하고 대상을 객체로 규정하던 주관성의 철학과 결별함을 의미한다. 서구 형이상학의 존재-신론적 성격을 극복하려는 하이데거의 시도는 동시에 인간중심주의의 극복을 뜻한다. 가장 신적인 것이 가장 인간적인 것으로 변모해 온 과정은 또한 신학과 철학이 함께 공속共屬해 있음을 보여 준다. 그것은 인간중심적 사유와 기존의 신 개념에 대해서 새로이 의문을 던지도록 만든다.

자기원인causa sui, 이것은 철학에 있어 신을 위한 적절한 이름이다. 이 신에게는 인간이 기도드릴 수 없고 제사드릴 수도 없다. 자기원인 앞에서 인간은 두려워 무릎을 꿇을 수도 없고 이 하느님 앞에서 노래하고 춤출 수도 없다. 그러므로 철학의 신, 즉 자기원인으로서의 신을 포기할 수 밖에 없는 신-없는gott-lose 사유가 신적인 신dem göttlichen Gott에게 더 가까이 있을지도 모른다. 이것은 여기서 단지 신-없는 사유가 존재-신론을 승인하려고 애쓰는 일보다는, 신-없는 사유가 신적인 신에게는 한결 더 자유롭다는 것을 의미할 뿐이다.[15]

자기원인으로서의 신, 그것은 그리스도교가 탄생한 이래로 서

---

15 마르틴 하이데거, 『동일성과 차이』, 신상희 옮김, 민음사, 2000, 65쪽.

구 형이상학이 고수해 왔던 신 개념이었다. 하이데거가 서구 형이상학을 존재-신론이라고 부른 것도 그런 연유에서였다. 하지만 정작 성서의 인물들은 자기원인으로서의 신 개념을 알지 못했다. 자기원인으로서의 신에게 기도하거나 노래하고 춤출 수 없다. 마찬가지로 칸트 이후로 형이상학은, 신은 경험적 대상이 아니므로 신의 존재를 논증할 수 없다고 보았다. 하이데거는 서구 형이상학의 중대한 문제점이 종교적인 신 개념과 철학적 존재 개념을 서로 혼합시킨 것에 있다고 보았다. 그는 서구 형이상학에게 이렇게 묻는다. 서구 형이상학은 존재-신론으로부터 벗어남으로써 비로소 진정한 존재 이해가 가능해지지 않겠는가? 마찬가지로, 신학에게도 자기원인으로서의 신이 아닌, 그 앞에서 기도하고 노래할 수 있는 신이 더 신적인 신이 아니겠는가?

하이데거는 근대를 신들이 떠났지만 아직 새로운 신이 도래하지 않은 시대로 이해한다. 그에게 근대는 신을 경험할 수 있는 능력을 상실한 시대다. 인간 자신이 신이 되고, 인간이 만들어 낸 것이 신이 되는 세계에서 신을 온전히 경험할 수 있는 자리는 좀처럼 주어지지 않기 때문이다. 하지만 그는 이러한 위기의 시대가 동시에 구원의 시대가 되리라고 희망한다.

4. 현대 정치철학과 신학과의 만남: 바울의 소환

근대 계몽주의 신학은 종교개혁 이후 개신교의 정통주의화 및 제도화에 반발하면서 기존의 전통적인 교리로부터 벗어나고자 시도하였다. 계시의 정합성을 판단하는 수단은 이성과 윤리였고, 성서에 기록된 초자연적 기적에 대해서도 합리적으로 이해하고자 했다. 이를 위해 역사적 성서비평학을 성서 연구에 있어서 일반적인 해석방법으로 수용하였고, 그리스도교를 역사 속에서 나타난 하나의 '종교'로 파악하고자 했다. 그에 따라 종교사회학, 비교종교학, 신화 연구 등이 광범위하게 진행되었다.

계몽주의 이후의 개신교가 추구하는 보편적 윤리와 역사의 진보에 대한 신념은 세상의 문화 속에서 하나님 나라의 완성을 추구하는, 이른바 '문화개신교주의'로 이어졌다. 개신교를 통한 근대 문화국가의 설립이 그것이다. 하지만 근대 개신교 신학이 품었던 이러한 순진한 희망은 독일 나치즘에 의해 비극적으로 붕괴되었다. 독일 문화의 재건을 내세웠던 히틀러는 개신교 신학자들과 목회자들을 동원하여 '독일 그리스도교'라는 어용 교단을 창설하고 자신을 독일 민족과 개신교의 구원자로 내세웠으며, 개신교 신학자 대부분이 이에 무기력하게 굴종하기에 이르렀다.

당시 이에 대해 가장 강력하게 반발한 것은 고백교회에 속한 일부 신학자들이었다. 칼 바르트, 본회퍼, 불트만, 틸리히, 에밀 부룬너 등은 개신교를 근대 문화와 정치 체제에 결탁시키려는 모든 시도들에 반대하며 '아니오'Nein를 외쳤고, 이들의 작은 외침은 이후에 개신교 신학의 흐름을 뒤바꾸어 놓는 계기가 되었다. 특히 칼 바르트의 『로마서 강해』는 훗날 "자유주의 신학자들의 놀이터에 던진 폭탄"이라는 평가를 받았다. 고백교회를 중심으로 한 새로운 신학적 흐름은 바울 텍스트를 통해 기존의 진보 개념과 맞닿아 있던 종 말론과는 결별하고 전혀 다른 형태의 종말론을 제시하였다.

고백교회가 이해한 종말론은 문화개신교주의처럼 하나님의 나라가 개신교와 문화를 종합하여 완성시키는 것에 있지 않았다. 오히려 하나님 나라는 인간이 이룩한 세계와 문화를 위기에 빠뜨리 면서 전혀 낯선 세계를 이 세상 안에 도입한다. 종말은 미래에 도달 해야 할 어떤 유토피아가 아니라, 하나님의 나라가 세상 한가운데 도래하는 것을 의미했다. 그것은 기존의 현실에 대한 철저한 비판 과 새로운 현실을 급진적으로 실천하는 방식으로 이루어진다.

칼 바르트는 포이어바흐의 『그리스도교의 본질』을 가리켜 "신 학의 심장 한가운데에 박힌 말뚝"이라고 부르면서 그리스도교인들 은 그의 이러한 '뼈아픈' 종교 비판에 적극적으로 귀를 기울여야 한 다고 하였다. 포이어바흐에게서 신은 '인간적 투사'에 다름 아니었 다. 인간들이 자신들의 열망을 투사시켜 '신'이라는 존재를 고안해 냈다는 것이다. 결국 신학의 비밀은 바로 '인간학'이었던 셈이었다.

칼 바르트는 포이어바흐의 이러한 그리스도교 비판에 대해 기 존의 신학이 지닌 문제점을 정확하게 짚어 낸 것이라고 극찬한다. 그는 당시의 신학이 근대적 세계관에 맞추어 지극히 인간중심적인 내용으로 채워져 있다고 진단하였다. 인간이 원하는 대로 신이 행 동해 주기를 바라고, 자신들의 욕구를 신의 의지로 둔갑시키면서 이를 정당화하였다. 바르트는 이러한 인간중심적 발상이야말로 신 학을 변질시킨 주범이라고 지적했다. 그에게서 신의 존재는 그 어 떤 인간적인 상상과도 무관한 절대 타자다. 인간이 신에게 나아가는 것이 아니라, 신이 인간에게 다가오는 것이다. 절대 타자인 신과의 조우는 모든 인간중심적 시도가 붕괴되는 사건으로 경험된다.

근대 이성과 역사의 진보를 낙관했던 근대 개신교 신학은 예언자적 비판의 목소리를 잃어버린 채 근대적 세계관을 신학적으로 정당화하는 것에 머물렀다. 근대 개신교 신학의 이러한 역사적 실패는 개신교 정치신학에 대한 평가와 분리될 수 없다. 고백교회의 신학자들이 소환한 바울의 목소리는 근대의 문화개신교에 대한 비판에 맞추어져 있었다. 문화개신교의 낙관적 전망은 제국주의 전쟁 지지와 나치 동조라는 파국적인 결과를 초래했기 때문이다. 따라서 아우슈비츠 이후로 개신교 정치신학은 새로운 길을 모색하게 되었다. 그것은 몰트만의 '희망의 신학'이나 남미의 해방신학, 그리고 한국의 민중신학이 등장하는 계기를 제공해 주었다.

오늘날 현대 정치철학이 불러낸, 급진적이고 메시아적인 사유의 진원지로서의 바울의 목소리는 어떤 것인가? 그것은 기존의 정치신학과 전통적인 마르크스주의적 관점에서 보이지 않았고 들리지 않았던 새로운 사유와 조우하도록 이끄는 듯하다. 바울의 메시아적 사고가 오늘날의 신학과 현대 정치철학으로 하여금 근대가 만들어 낸 정치적 우상들을 폭로하고 새로운 방식의 정치적 실천으로 나아가도록 이끌고 있는 것이다.

2장
고대 이스라엘이라는 상상적 기원

1. 고대 이스라엘 역사와 오늘날의 팔레스타인

이스라엘 땅은 유대 민족의 출생지다. 여기서 그들의 영적, 종교적, 민족적 정체성이 형성됐다. 여기서 그들은 독립을 달성했고, 민족적, 보편적 의의를 지니는 문화를 창조했다. 여기서 그들은 성서를 썼고 그것을 세계에 전했다.(「이스라엘 독립선언서」, 1948)

1948년 5월 15일, 다비드 벤구리온 이스라엘 총리와 국회의원 37명은 팔레스타인의 텔아비브에 모여 「독립선언서」를 낭독하며 이스라엘 건국을 선포했다. 팔레스타인 사람들의 반발에도 불구하고 유럽의 묵인하에 일방적으로 이스라엘 건국이 선포되던 순간이었다. 유대인들에게는 역사적이고도 영광스러운 옛 고향 땅으로의 귀환이었겠지만, 팔레스타인 사람들에게는 조상 대대로 살아왔던 땅을 빼앗기고 쫓겨나게 된 크나큰 비극의 시작이었다. 유대인들을 핍박하고 학살해 왔던 유럽이, 팔레스타인을 무단으로 점령하여 강탈한 시온주의자들과 손을 맞잡은 아이러니한 역사의 한 장면이기도 했다.

유대인들에게 옛 '가나안'[1]으로의 귀환, 곧 오늘날의 팔레스타인 땅을 언젠가 되찾게 되리라는 믿음은 기원전 586년 고대 이스라엘 국가가 바빌로니아 제국에 의해 패망하여 주변 국가들로 흩어져 살게 되면서부터 생겨났다. 바빌로니아의 포로로 잡혀갔던 이스라엘 백성들은 자신들이 패망한 이유를 종교적 타락과 사회적 부패에서 찾았다. 무너진 예루살렘 성전을 재건하고 토라와 율법을 성실하게 지키며 살아간다면 언젠가는 야훼께서 잃어버린 옛 고향을 되찾아 줄 것이라 믿었다. 그 이후로 유대인들에게 '귀환'에 대한 기다림은 유럽의 '반유대주의' 광풍 속에서도 유대교 신앙을 지속하도록 해주었던 중요한 동기였다.

20세기 직전부터 팔레스타인으로의 귀환 운동이 산발적으로 시도되기는 했지만, 초창기에는 아주 작은 규모의 움직임에 지나지 않았다. 이를 하나의 '정치적' 운동으로 승화시켜 새로이 불을 붙였던 것은 이른바 '시온주의' 운동이었다.[2] 시온주의 운동가들은 직접 이스라엘 국가를 건립하겠다는 목표를 세우고 각국에 시온주의협

---

1 '가나안'(Canaan)은 '자줏빛 염료 또는 모직'을 뜻하는 지명인데, 염료 산업과 옷감 생산이 활발했던 고대 가나안 문명의 일면을 보여 주는 단어이기도 하다. 기원전 132년경 가나안은 로마 제국에 의해 팔레스타인으로 그 지명이 바뀌게 된다. 구약성서에서는 이집트로부터 탈출한 이스라엘 민족에게 하나님이 약속한 축복의 땅을 가리킨다.

2 미하엘 브레너, 『다윗의 방패-시온주의의 역사』, 강경아 옮김, 들녘, 1987, 33쪽.

회를 만들면서 본격적으로 활동하기 시작했다. 여기에 나치의 유대인 대학살은 유럽 전역에 시온주의 운동이 급속히 확대되는 계기가 되었다. 이후로 홀로코스트를 피하여 팔레스타인으로 이주하려는 유대인의 숫자는 급속도로 증가하였다.

이러한 시온주의 운동이 모든 유대인들에게 환영을 받은 것은 아니었다. 가장 크게 반발했던 이들은 정통 유대교 랍비들이었다. 팔레스타인에 세속국가를 세우려는 시온주의자들의 시도가 야훼의 뜻에 정면으로 도전하는 신성 모독이라는 것이다. 정통파 랍비들은 유대인들의 팔레스타인으로의 귀환이 신적 결정, 즉 메시아의 도래에 의한 종교적인 방식으로 이루어지는 것이지, 인간의 손에 의한 인위적이고 정치적인 방식으로는 이룩될 수 없다고 보았다.[3] 2500년 전부터 시작된 유대인들의 유랑과 고난은 야훼의 섭리에 의한 것이며, 그것이 끝나는 것 또한 야훼의 섭리에 의해 결정되어야 했다. 그때까지는 하나님의 말씀인 '토라'의 가르침에 따라 안식일을 지키며 선행과 자비를 실천하는 일이 더 중요하다는 것이다. 하지만 이러한 목소리는 팔레스타인을 점령해야 한다는 시온주의자들의 선동이 더 큰 호응을 얻으면서 묻혀 버리고 말았다.

시온주의의 창시자 헤르츨은 팔레스타인을 가리켜 "땅 없는 민족을 위한 민족 없는 땅"[4]이라고 불렀는데, 이는 아랍 민족에 의해

---

3 앞의 책, 133쪽.

4 앞의 책, 65쪽.

1400여 년간 이어져 내려온 팔레스타인의 역사, 그리고 지금도 그 땅에서 엄연히 살아가고 있는 토착민들의 존재 자체를 전적으로 부정하는 매우 모욕적인 표현이었다. 1919년 세계시온주의자기구는 "팔레스타인에 대한 유대인의 역사적 소유권과 팔레스타인에 유대 민족 고향을 재건할 권리가 있다"는 성명을 발표하였고, 벤구리온은 1924년 정당대회에서 아랍 민족은 나라를 가꾸지 않았기에 나라에 대한 그들의 권리를 정할 수 없다고 주장했다. 시온주의자들에게 팔레스타인은 그저 아무도 살지 않는, 텅 비어 있는 주인 없는 황무지에 불과했고 따라서, 3000년 전에 이스라엘 왕국을 설립한 이후로 2500년이 넘도록 땅이 없는 민족으로 살아왔던 유대인에게 팔레스타인 땅에 대한 소유권이 있다고 주장하기에 이른 것이다.

시온주의자들은 이스라엘 국가 설립의 정당성을 국제적으로 승인받고자 많은 외교적 노력을 기울였는데, 이를 위해 심지어 나치 정권과 비밀리에 협약을 맺기도 했다. 영국은 밸푸어 선언(1917년)을 통해 "유대인을 위한 팔레스타인에서의 민족 고향의 건설"에 동조함을 밝혔다. 이는 오스만 제국의 해체 이후 영국의 중동 진출을 위한 전략의 일환으로 나온 것이었다. 훗날 국제연합은 팔레스타인의 분할을 제안하였으나 팔레스타인 사람들은 이를 받아들이지 않았고, 시온주의자들은 이를 재빠르게 받아들임으로써 결국 이스라엘 국가를 세우게 되었다.

이스라엘 국가 설립(1948년)으로 인한 팔레스타인 지역에서의 군사적 충돌은 이미 예견된 사태였다. 1차 중동전쟁의 결과는 이스라엘의 승리였고, 국제연합이 애초에 제안했던 것보다 훨씬 더 많은 지역을 이스라엘이 차지하게 되었다. 1967년 이른바 '6일 전쟁' 이후에는 팔레스타인 대부분이 이스라엘의 수중에 들어가게 되었고, 강제로 추방당한 40만 명의 팔레스타인 난민들은 가자지구와 서안지구 등으로 분산 수용되어 오늘날까지도 화염이 그치지 않는 중동의 비극을 상징적으로 보여 주고 있다.

이러한 비극은 시온주의자들, 그리고 그들과 협력했던 영국 등 유럽 국가들에 의해 만들어졌으나 갈등이 첨예화된 것은 팔레스타인 토착민과 유대인 이주민 사이에서였다. 홀로코스트와 반유대주의는 유럽인들의 유대인 혐오에서 비롯된 것이지 이슬람교나 중동 국가들과는 아무런 상관이 없다. 유대인들이 유럽에서 겪었던 핍박과 고통 때문에 팔레스타인 사람들을 몰아내고 그들의 땅을 차지한다는 것은 결코 정당화될 수 없다. 그럼에도 오늘날의 이스라엘은 중동 국가들을 자신의 가장 커다란 적으로 삼아 공격을 가하고 있다.

중동 국가들이 반대하는 것은 유대인이나 유대주의가 아닌, 바로 시온주의였다. 이쯤에서 유대교 혹은 유대주의는 시온주의와 동일한 것이 아님을 다시 확인할 필요가 있다. 시온주의는 팔레스타인 지역에 이스라엘 국가를 세우기 위한 정치 운동으로, 이를 위해 유대인들의 옛 고향으로의 '귀환'에 대한 종교적 믿음과 기대를 적극적으로 활용해 왔다. 시온주의자 가운데에는 유대인만이 아니라 그리스도교인, 심지어 무슬림도 존재하는 한편, 시온주의에 반대하는 사람들에는 무슬림만이 아니라 정통 유대교도들도 포함되어 있다. 이들은 이스라엘 내에서 팔레스타인에 대한 군사 공격에 누구보다도 강하게 비판하고 있는 세력들 가운데 하나이다.

시온주의가 유대인들의 옛 고향으로의 '귀환'이라는 종교적 믿음을 십분 활용해 왔던 배경에는, 현대 이스라엘 국가를 이루는 구성원들이 성서에 나오는 고대 이스라엘의 후손이며 팔레스타인 땅은 그들에게 약속으로 주어진 것이라는 오랜 전통적 성서 해석이 자리하고 있었다. 이러한 성서 해석은 서구 그리스도교 신학자들에 의해 학문적으로 더욱 정교하게 뒷받침되었고, 팔레스타인에 대한 유럽인들의 오리엔탈리즘적 편견을 더욱 강화하는 결과로 이어지게 되었다.

근대 이후로 서구에서는 고대 이집트, 고대 근동 지역의 문화, 역사에 대한 고고학적 관심이 크게 증대하였다. 이러한 관심은 문명의 흐름이 고대 문명의 발상지로부터 서구로 이어진다는 것을 입증하려는 시도 속에서 생겨난 것이다. 이 가운데 고대 이스라엘의 역사는 서구 문명에 각별한 의미를 지닌 것으로 여겨졌다. 바빌로니아 문화와 이집트 문화, 그리고 그리스 문화가 고대 이스라엘을 거쳐 유럽에 이르면서 서구 문명은 그 절정에 도달하였다는 것이다. 고대 이스라엘 종교도 이와 마찬가지로 진화론적 도식에 따라 설명되었다. 이스라엘 주변의 미개한 다신교 국가들과 달리 고대 이스라엘은 처음부터 유일신교라는 높은 단계에 올라서 있었다고 간주되었다. 고대 근동에서 가장 완성된 형태를 지니고 있던 이스라엘의 종교가 유럽으로 전파되어 그리스도교라는 인류의 보편적 종교로 발전하게 되었다는 설명인데, 결국 인류 문명과 종교의 진정한 주체는 유럽 자신이라는 것이었다.

미국의 가장 대표적인 구약성서학자인 올브라이트는 이러한 진화론적 도식을 그의 책 『석기시대에서 그리스도교까지: 일신교와 역사적 과정』 서문에서 다음과 같이 명시적으로 밝히고 있다.

> 그리스도 시대의 그리스-로마 문명은 세계가 지금까지 보아 온바 비교적 꾸준히 장기간 진행되어 온 진화의 절정으로 간주할 만한 합리적이고 통일된 문화에 가장 근접한 문명을 대표한다. [⋯] 모세로부터 예수에 이르기까지 이스라엘과 유다의 종교사는 호모 사피엔스로 대표되는 생물학적 진화의 정점에 있는 것처럼 보인다.(W. F. Albright, *From the stone age to Christianity: monotheism and the historical process*, 1957)[5]

하지만 고대 이스라엘의 역사에 대한 서구 고고학자들, 특히 성서학자들의 진화론적 도식은 오늘날 많은 비판에 직면하고 있다. 고고학적 증거가 빈약한 것은 물론이거니와, 더 중요하게는 성서에 대한 그의 편견이 서구 우월주의적 시각을 증폭시키고 있다는 점에서 더 큰 문제가 있다는 것이다. 키스 W. 휘틀럼은 근대 이후 팔레스타인에 대한 대부분의 학문적 연구가 고대 이스라엘에 집중되면서, 더 넓은 영역을 차지하고 있었던 고대 팔레스타인의 역사에 관해서는 대부분 침묵하거나 이스라엘을 연구하기 위한 부속물 정도

---

5 키스 W. 휘틀럼, 『고대 이스라엘의 발명』, 김문호 옮김, 이산, 2003, 125쪽에서 재인용.

로 다뤄 왔다고 지적한다.[6] 그간 서구의 성서학자들은 고대 이스라엘의 문명을 팔레스타인의 이방 민족들의 문명과 전혀 다른 기원을 지닌 것으로, 주변 민족들에 비해 월등하게 앞선 것으로 간주했는데 이는 팔레스타인 지역의 문명을 역사로부터 주변화하면서 고대 이스라엘 역사를 통해 서구의 오리엔탈리즘을 강화하는 논거로 기능하였다는 것이다.

또한, 서구 성서학자들은 고대 이스라엘 왕국에서 오늘날 서구 국민국가의 원형, 즉 하나의 단일한 민족으로 이루어진 국가 유형을 발견하였다. 하나의 종교, 하나의 민족, 하나의 국가로 이루어진 다윗 왕국이 그것이다. 유일신 신앙을 중심으로 하는 이스라엘 민족이 주변 가나안 국가들보다 더 발전된 국가를 세운 것처럼, 유대-그리스도교 문명을 계승한 서구가 비서구 세계보다 월등히 앞선 근대 국민국가를 세웠다는 것이다. 이러한 주장을 통해 그동안 황폐화되고 버려진 땅이었던 팔레스타인에 이스라엘 국가가 세워짐으로써 아랍인들로서는 불가능했을 경제발전을 이룩할 수 있었다는 오리엔탈리즘적 신념을 강화시켰다.

하지만 이는 어디까지나 구약 역사에 대한 잘못된 고정관념에서 기인한 것일 뿐만 아니라 시온주의자들과 서구 성서학자들이 발명해 낸 고대 이스라엘에 대한 상상적 이미지의 산물에 불과하다. 유럽은 이러한 이미지를 통해 유럽 제국주의의 침략과 팽창을 종교

---

6 휘틀럼,『고대 이스라엘의 발명』, 11쪽.

적·문명사적으로 옹호하는 근거를 만들어 내었다. 따라서 고대 이스라엘에 대한 상상적 이미지가 어째서 성서에 대한 왜곡된 해석에서 비롯한 것인지를 밝히고, 이것이 어떻게 서구 신학과 정치철학에 은밀히 뿌리내려 왔는지를 추적하는 것이 필요하다. 이를 위해서는 우선 성서의 독특한 역사 서술 방식에 대한 이해를 언급해야 한다. 성서는 애초부터 역사를 '있는 그대로' 기록하려는 의도를 전혀 갖고 있지 않기 때문이다.

2. '고백'으로서의 역사: 성서는 어떻게 읽어야 하는가?

고대 이스라엘의 역사에 접근하는 것에 적잖은 어려움이 따르는 이유는, 무엇보다도 고대사의 특성상 지금까지 남아 있는 역사적 기록이 매우 적을 뿐만 아니라 남아 있는 유적이나 문서 들에 적힌 내용들도 사실 여부를 확인하기 어려운 탓이다.

고대 이스라엘 역사를 연구할 때 가장 중요한 자료는 구약성서다. 하지만 성서의 역사 서술이 통상적인 역사 서술과 매우 다르다는 점이 성서를 이해하는 데 걸림돌이 되고 있다. 성서에 기록된 역사는 특정한 신학적 관점들에 따라 '해석'되고 '재구성'된 것이기 때문이다. 성서를 단순히 연대기적 순서에 따라 읽을 경우 성서 안에 기술된 많은 사건들이 역사적 사실들과 일치하지 않을 뿐만 아니라 서로 상충하는 대목들이 무수히 많다는 당혹스러운 사태와 마주하게 된다. 성서의 저자들은 어떤 중요한 역사적 사건에 대해 서술할 때, 그 사건의 진행과 결과가 하나님의 섭리에 따라 이루어진 것으로 '해석'하여 서술한다. 일종의 '신앙 고백'이자 '설교'의 성격을 갖는 것이다. 그러므로 성서에 접근할 때는 역사적 사실 여부에 초점을 맞추기보다는 저자들의 집필 의도와 메시지에 먼저 주목하는 것이 중요하다. '해석'되고 '고백'된 역사와 실제로 일어난 사실적 역사와의 차이점을 구별할 필요가 있는 것이다.

우리가 성서를 읽을 때 어려움을 겪는 또 다른 이유는, 성서가 한 사람 또는 몇 명의 예언자에 의해 한 번에 기록된 책이라는 오래된 통념 때문이다. 하지만 성서는 오랜 역사 속에서 구전으로 전승되어 온 서사시들과 여러 시기에 걸쳐 기록된 문서 자료들을 재구성한 것이며, 당시의 주변 지역의 신화, 서로 다른 전승 등이 함께 묶이면서 만들어진 매우 복잡하고 다채로운 책이다. 즉, 성서는 매우 다양한 유형의 구전과 문서들이 편집되어 편찬된 책들의 모음집이라 할 수 있는 것이다. 저자들도 다양하고 저자들이 살던 시대나 역사적인 배경 또한 전혀 다를 수밖에 없다. 각기 다른 관점에 따라, 각기 다른 시대를 향한 메시지를 담고 있으므로 성서를 어떤 하나의 통일된 관점을 기준으로 하여 연대순으로 일목요연하게 정리된 책으로 여기는 것은 성서를 이해하는 데 전혀 도움이 되지 못한다.

성서 안의 다양한 관점과 서로 다른 입장들은 충돌하고 대립하면서 많은 갈등과 긴장 관계를 만들어 낸다. 그리고 어느 관점으로 읽느냐에 따라 성서는 전혀 다른 메시지를 지닌 책이 되고 만다. 성서 저자들과 편집자들은 서로 상충하는 본문들 가운데 어떤 특정한 관점을 배제하지 않고 오히려 여러 관점들이 함께 공존하도록 편집하고 재구성했기 때문에, 성서를 읽을 때는 그 안에 담긴 다양한 관점과 각각의 메시지들을 고려하여 입체적으로 파악하는 것이 요구된다. 특히 고대 이스라엘의 역사를 이해하고자 할 때 이런 방식의 접근은 필수적이다.

고대 이스라엘의 역사에 대한 전통적이고 표준적인 설명은 다음과 같다. 아브라함을 조상으로 하는 이스라엘 민족은 오랫동안 이집트에서 노예로 지내다가 모세의 주도하에 이집트로부터 탈출하여 하나님께서 약속한 땅 가나안(팔레스타인)으로 들어가게 되었다. 전력상 이스라엘 민족은 가나안 지역의 부족들에 비해 현저하게 열세에 놓여 있었지만, 하나님의 도움으로 그들과의 전투에서 압도적으로 승리함으로써 가나안을 정복할 수 있었다. 또한, 이스라엘에게 주변 강대국처럼 왕정 제도를 도입하는 것을 허락하셨고, 특히 다윗 왕조에게는 영원히 무너지지 않는 왕국이 되리라고 축복하셨다. 그러나 이스라엘 민족은 점차 하나님의 뜻을 어기고 이방 민족의 풍습을 따르며 우상 숭배를 하면서 패망의 길로 접어들게 되었다. 그렇다고는 하나 이스라엘 민족이 이방 풍습이나 우상 숭배를 타파하고 하나님의 율법을 잘 지킨다면, 하나님께서 다윗 왕조에게 약속하신 영원한 왕국을 다시금 회복할 수 있을 것이다. 하나님께서 이를 실현할 메시아를 보내 주신다는 것이다. 이러한 설명이 고대 이스라엘의 역사를 이해하는 전통적이고 '표준적인' 틀이자 성서를 해석하는 기본 전제로 자리해 왔다.

하지만 근대 이후 성서고고학의 연구 성과들은 고대 이스라엘에 대한 이러한 표준적 역사가 실제 역사적 사실과는 차이가 크며,

성서 저자들의 신학적 관점에 따라 재구성된 것임을 보여 주었다. 특히 역사적으로 중요한 사건들에 있어서는 사실 여부를 확인하기 어렵거나, 또는 지나치게 과장해서 서술한 사례가 상당수 발견되었다. 이를테면, 가나안 정복 전쟁에서 이스라엘 민족이 가나안 지역의 여러 강대국들에 대해 압도적으로 승리를 거두었다거나, 다윗-솔로몬 왕국이 주변 국가들을 능가할 정도로 번영하였다는 내용 등은 고고학적으로 해명되기 어려운 것이 사실이다.

성서의 역사 서술에 나타나는 이러한 불일치들에 대해서 어떻게 바라보아야 할까? 그저 날조된 역사라고 불러야 할까? 종교적 상상력이 지어낸 허구에 불과하다고 말해야 할까? 앞서 언급했던 것처럼, 성서의 역사 서술이 '신앙 고백'적인 성격을 갖는다는 점을 유념해야 한다. 종교적인 관점에서는 아무리 우연적인 사건도 하나님의 섭리에 따른 필연적 사건으로 설명(고백)될 수 있기 때문이다. 따라서 당시 성서의 저자들이 왜 그 사건에 특정한 '의미'를 부여하게 되었는지 묻는 것이 더 중요할 것이다.

또한, 이러한 불일치의 문제만이 아니라 우리를 매우 당혹스럽게 만드는 성서의 내용들을 어떻게 받아들여야 하는지에 대한 문제도 남아 있다. 이를테면, 이스라엘의 표준적인 역사 속에서 이스라엘 민족은 이방 민족, 이방 종교에 대해 매우 배타적이고 적대적인 태도를 지니고 있음을 보게 된다. 가나안 정복 전쟁을 보면, 무수한 군사들이 그저 이방 민족이라는 이유로 무참히 살해되곤 한다. 또한, 이방 민족과의 접촉으로 인해 크나큰 징벌을 받기도 한다. 이방 민족에 대해 이스라엘 종교가 보여 주는 이러한 태도를 대체 어떻게 받아들여야 할까? 그것이 구약성서의 기본적인 입장이라고 보아야 하는 것일까?

성서의 이러한 역사 서술은 성서가 기록되던 당시의 이스라엘 사람들의 역사 인식과 밀접한 관련이 있다. 성서가 집중적으로 채록되고 편찬되던 시기는 흔히 오해되듯 세상이 처음 만들어지던 태고 시절이나 이집트로부터 탈출한 직후가 아니라 이스라엘이 패망하던 포로기를 전후로 한다. 구약성서의 대부분은 포로기 당시의 역사 경험이 강하게 반영되어 있다. 이스라엘이 패망하던 당시에 주변 강대국으로부터의 크고 작은 침략이 끊이지 않았는데, 지배 계층들은 대다수 하층민의 삶을 돌보지 않은 채 부와 권력만을 추구하는 등 사회적 혼란을 가중시켰다. 지배 계층이 이방 민족과의 교류 속에서 이방 문화에 쉽게 동화되어 살아갔던 반면, 하층민의 지지를 받던 재야의 예언자들은 국가적 혼란 속에서 부패와 무능만을 보여 주던 지배 계층을 향해 비판을 쏟아 내었다. 이방 종교나 풍습을 일소하고 사회 개혁을 하라고 요구한 것이다. 지배 계층이 이방 종교나 문화에 개방적이었던 반면, 재야의 예언자들은 유대적 정체성을 지킬 것을 호소하였다. 이스라엘 민족이 처음부터 이방 종교에 대해 적대적 태도를 보인 것이 아니라, 주변 강대국의 침략과 이스라엘의 패망, 그리고 지배 계층의 부패와 무능에 대한 반감이 이방 종교와 문화에 대한 배타적이고 적대적인 태도로 이어진 것이다.

예를 들어, 「창세기」 1장에서는 인간을 자연 만물을 지배하는 존재로 제시한다. 자연에 대한 인간의 우월함을 강조하고 자연을 인간에 종속된 존재처럼 묘사하고 있다. "생육하고 번성하여 땅에 충만하여라. 땅을 정복하여라. 바다의 고기와 공중의 새와 땅 위에서 살아 움직이는 모든 생물을 다스려라."(「창세기」, 1장 28절) 성서의 저자들은 어째서 이를 성서의 첫 장에 기록했던 것일까? 여기에 이스라엘의 포로기 당시 동식물을 신으로 숭배하는 가나안 종교에 대한 강한 반감이 작용하고 있었음을 감안해야만 한다. 「창세기」 1장을 구성하는 자료층은 바빌론 포로기에 바빌론 제국의 지배와 억압, 학대 속에서 점차 잃어 가고 있던 이스라엘 민족의 정체성을 회복하려는 의도에서 집필되었다. 바빌론 제국은 다신교 사회로서 하늘, 땅, 해, 달, 동식물 등을 신으로 숭배하던 종교적 풍습을 갖고 있었다. 이스라엘 민족이 다신교에 대해 지니는 강한 적대감은 바빌론 제국의 폭압적이고 잔혹한 지배의 기억에 기인한 것이라 할 수 있다. 바빌론 종교에서는 하늘이나 땅, 바다의 신들이 인간을 지배의 도구로 삼았고, 인간은 불온한 피와 진흙으로 빚어진 열등한 존재로 취급되었다. 바빌론 제국의 포로로 끌려와 있던 이스라엘 민족으로서는 자신들이 자연 만물보다 못한 존재로 취급받는 것을 결코 인정할 수 없었다. 따라서 성서의 첫 장부터 인간이 자연 만물보다 우월한 존재라는 점을 강하게 선언(!)하면서 시작하고 있는 것이다.

그에 따라 「창세기」 1장의 저자들은 동물이 인간을 지배하는 다신교 사회를 능가할 엘로힘(하나님) 신앙을 강조하게 되었다. 즉, 인간은 엘로힘의 형상을 따라 창조된 존재로서 지상의 자연 만물보다 우월한 존재라고 선언하게 된 것이다. 인간이 엘로힘, 즉 하나님의 형상에 따라 창조되었다는 것은 신이 아닌 어떤 존재도 자신을 특권적인 존재로 내세울 수 없다는 점을 뜻한다. 고대 사회에서는 왕을 신의 대리자 혹은 신의 아들로 내세우면서, 권력을 직접 행사할 수 없는 지역에 왕의 조형물을 세워 놓았다. 왕 자신이 신의 대리자로서 그곳을 통치하고 있음을 상징하는 것이었다. 그런데 「창세기」에서는 인간이라면 누구나 신의 형상에 따라 지어졌음을 말하고 있다. 모든 인간은 누구라도 신의 대리자라는 것이다.

따라서 구약성서의 우상파괴 전통은 다음과 같은 의미로 이해할 필요가 있다. 즉, 신은 지상의 왕들이 내세우듯이 눈에 보이는 형상을 지니고 있지 않으며, 인간을 포함하여 그 어떤 자연 만물도 신이 될 수 없다는 것이다. 이스라엘 사람들이 천상의 신이 아닌 지상의 존재를 신성시하는 것을 우상 숭배로 간주하여 철저하게 배격했던 이유가 바로 이것이다. 그런 점에서 그들에게 「창세기」 1장은 일종의 사회·정치적 선언으로도 읽혔다고 할 수 있다. 그렇다면 오늘날 「창세기」 1장을 곧바로 반자연주의적이고 인간중심주의적 세계관과 유사하다고 취급하는 것은 너무 성급한 일일 것이다.

이처럼 성서는 그 저자들의 특정한 역사적 경험과 결부시켜 이해할 필요가 있으며, 이를 통해 이스라엘 민족이 보여 주는 타 종교와 타 민족에 대한 배타적이고 적대적인 태도의 역사적 맥락을 함께 판단해 볼 수 있다. 이와 관련하여 고대 이스라엘의 역사 서술에서 나타나는 유대 혈통에 대한 강조, 그리고 타 종교와 문화에 대한 극단적 배타성과 관련하여 성서는 어떻게 서술하고 있으며 이를 어떻게 해석해야 하는지 알아보고자 한다.

3. 고대 이스라엘 민족은 어디서 유래하였는가?

앞에서 언급한 「창세기」 1장의 서술에는 고대 근동의 주변 강대국들의 지배에 반발하면서 인간에 대한 착취와 억압을 정당화하는 당시의 종교적·민족적 차별에 대한 비판이 담겨 있다고 할 수 있다. 하지만 동시에 이스라엘 민족의 이러한 역사 인식은 타 민족과 타 문화를 배척하는 극단적인 배타주의를 낳았다. 이에 구약의 예언자들은 유대 순혈주의를 경계하는 목소리를 내었지만, 반대로 순혈주의를 강력하게 주장하는 예언자들과 사제들의 목소리 또한 강하게 울려 퍼지게 되었다. 이는 포로기를 전후로 예루살렘 성전이 파괴되고 주변 국가들로 뿔뿔이 흩어져 해체되어 가는 상황에서 유대적 정체성 ── 자신들은 하나의 단일한 민족으로서, 주변 이방 민족과 전혀 다른 기원과 유래를 갖는 민족이라는 ── 을 되찾으려는 노력의 일환이었던 것이다.

하지만 과연 고대 이스라엘 형성과 관련하여 성서의 자료들은 유대적 혈통의 순수성에 대한 이러한 주장을 뒷받침하고 있을까? 과연 고대 이스라엘의 종교와 문화는 가나안의 종교나 문화와 전혀 섞이지 않은 것이며, 따라서 오늘날까지도 그 본래의 순수한 형태를 잃지 않은 것일까? 오늘날 성서고고학 분야에서 나온 일련의 연구 결과는 다른 가능성을 강하게 시사하고 있다.

이스라엘인들의 가나안 정착에 관한 전통적인 신학적 설명은, 기원전 20세기를 전후로 가나안과는 전혀 다른 종교와 문화를 지닌 외부 집단인 히브리인들이 이 지역으로 이주했다는 '외부유입설'

에 기반하고 있었다. 이 외부의 집단은 가나안 토착 종교 및 문화와는 전혀 이질적인 종교와 문화를 지니고 있었으며, 이후에 가나안 문명에 동화되거나 흡수되지 않고 '야훼' 신앙이라는 독특한 형태의 종교를 발전시킴으로써 하나의 통일된 민족, '이스라엘'을 이루었다는 것이다. 이는 가나안의 토착 종교들에 대해서 이스라엘 종교가 갖는 차별성을 드러내고, 그럼으로써 이스라엘 종교의 타 종교에 대한 우월성을 강조하려는 의도에서 비롯한 것이라 할 수 있다.

그러나 성서고고학의 최근 연구들은 그들이 처음부터 매우 이질적이고 다층적인 집단으로부터 출발했으며, 외부가 아닌 가나안에서 기원한 토착민들이었음을 알려 주고 있다.[7] 연구에 따르면 당시 가나안 지역의 경제적 어려움은 도시 국가에 거주하던 하층민들로 하여금 도시 외곽 지역으로 이탈하도록 만들었다. 하층민에 속하는 많은 사람들과 변두리 집단들은 도시의 귀족 정치에서 벗어나서 산지와 광야 지역에 독자적인 자치조직을 만들어 정착하기에 이르렀고, 이들이 가나안 지역에서 살던 토착민 주축을 이루게 된다. 여기에는 각기 서로 다른 유래와 다양한 경험, 전승들을 보유한 여러 집단들이 속해 있었는데, 이들이 바로 '이스라엘'이라고 불리는 12개의 지파 공동체를 구성했다는 것이다.

구약성서에서도 모세가 히브리 사람들을 이끌고 이집트를 탈

---

7 윌리엄 데버, 「이스라엘인과 가나안인을 어떻게 구별할 수 있을까?」, 허셜 섕크스 외, 『고대 이스라엘의 기원』, 강승일 옮김, 한국신학연구소, 2008, 54쪽.

출할 당시에 그들이 매우 다양한 민족들의 혼성 집단으로 구성되었음을 밝히고 있다. "그 밖에도 다른 여러 민족들이 많이 그들을 따라 나섰고, 양과 소 등 수많은 집짐승 떼가 그들을 따랐다."(「출애굽기」, 12장 38절) 가나안 땅으로 들어가 12지파로 구성된 이스라엘 민족의 원형을 이루었던 집단이 바로 그들이다. 훗날 이스라엘의 패망을 예견했던 에스겔 예언자도 "나 주 하나님이 예루살렘을 두고 말한다. 너의 고향, 네가 태어난 땅은 가나안이고, 네 아버지는 아모리 사람이고, 네 어머니는 헷 사람이다"(「에스겔서」, 16장 3절)라고 말하고 있다.

여기서 '히브리'라는 표현에 주목해 볼 필요가 있는데, 이 용어는 구약성서에서 주로 이방 민족과의 관계 속에서 자신들을 구별하거나, 이스라엘을 낮추어 부를 때 사용되었다. '하비루'가 그 어원으로 추측되는데, 삶의 기반을 잃고 떠돌아다니는 유랑민을 지칭하거나 노예, 용병, 심지어 약탈자로 살아가는 하층민을 지칭했다. 초기 이스라엘 사람들은 가나안으로부터 유래한 토착민들이었고 나중에 주변 도시 국가들로부터 중앙 산간 지역으로 대거 이주한 '하비루'들과 연합하여 이스라엘의 12지파를 형성하게 되었다는 것이다.

이처럼 그들은 다양한 출신과 배경을 가진 이주민들로 구성되어 있었으며, 출애굽을 경험한 사람들로부터 출애굽 신화를 자연스럽게 수용하게 되었다.[8] 이질적이고 다층적인 집단으로 이루어진 이들에게 '야훼'는 일종의 신앙적 구심점으로 작용하였다. 시내산 전승을 통해 전해져 온 야훼는 약자를 위한 '전사'로서, 도시 국가 안에서 착취당하고 억압받던 '하비루'의 고통스러운 삶을 해방시킬 존재였다. 가나안 문명으로 대변되는 도시 국가의 정치질서를 무찌르고 그동안 억압당하고 내쫓겼던 약자들을 구출하는 하나님으로 고백되었다. 그분이 바로 출애굽 전승의 하나님, 야훼였다.

> 나는, 이집트에 있는 나의 백성이 고통받는 것을 똑똑히 보았고, 또 억압 때문에 괴로워서 부르짖는 소리를 들었다. 그러므로 나는 그들의 고난을 분명히 안다. 이제 내가 내려가서, 이집트 사람의 손아귀에서 그들을 구하여, 이 땅으로부터 저 아름답고 넓은 땅, 젖과 꿀이 흐르는 땅, 곧 가나안 사람과 헷 사람과 아모리 사람과 브리스 사람과 히위 사람과 여부스 사람이 사는 곳으로 데려가려고 한다. 지금도 이스라엘 자손이 부르짖는 소리가 나에게 들린다. 이집트 사람들이 그들을 학대하는 것도 보인다. 이제 나는 너를 바로에게 보내어, 나의 백성 이스라엘 자손을 이집트에서 이끌어 내게 하겠다.(「출애굽기」, 3장 7-10절)

그들에게 야훼는 단순히 타 민족과 싸우는 자신들의 수호신만은 아니었다. 약자들의 고통에 응답하는 신일 뿐만 아니라, 고향을 잃고 떠도는 이방인, 즉 나그네를 위한 신이기도 했다. 출애굽의 전승은 나그네와 약자들에 대한 각별한 관심을 보이고 있었다. 외지에서 온 나그네를 학대하거나 차별하지 말고 그들을 이스라엘 동족

---

8 바룩 할퍼룬, 「출애굽, 사실인가 신화인가?」, 『고대 이스라엘의 기원』, 150-151쪽.

인 것처럼 극진히 환대할 것을 강조했다. 왜냐하면, 이스라엘 자신이 이집트의 노예 생활로부터 탈출한 나그네로서 살아왔기 때문이다. 이처럼 초기 이스라엘 공동체가 처음부터 다양한 사회적 약자들에 의해 형성되었을 뿐만 아니라 매우 개방적인 정체성을 지니고 있었다는 점에 주목할 필요가 있다. 이스라엘 민족의 조상 아브라함에 대해 「신명기」는 이렇게 소개하고 있다.

> 내 조상은 떠돌아다니면서 사는 아람 사람으로서 몇 안 되는 사람을 거느리고 이집트로 내려가서, 거기에서 몸 붙여 살면서, 거기에서 번성하여, 크고 강대한 민족이 되었는데, 이집트 사람이 우리를 학대하며 괴롭게 하며, 우리에게 강제노동을 시키므로, 우리가 주 우리 조상의 하나님께 살려 달라고 부르짖었더니, 야훼께서 우리의 울부짖음을 들으시고, 우리가 비참하게 사는 것과 고역에 시달리는 것과 억압에 짓눌려 있는 것을 보시고, 강한 손과 편 팔과 큰 위엄과 이적과 기사로, 우리를 이집트에서 인도하여 내시고, 야훼께서 우리를 이곳으로 인도하셔서, 이 땅, 곧 젖과 꿀이 흐르는 땅을 우리에게 주셨습니다.(「신명기」, 26장 5-9절)

이처럼 자신들의 조상, 정체성이 본래 나그네이자 떠돌이라는 점을 인식하기 때문에, 구약성서에서는 유독 나그네를 환대할 것을 강조하는 내용이 자주 등장한다. 성서에 등장하는 환대의 전통은 주변의 고대 근동 사회에서 쉽게 발견되는 것이기도 하다. 이곳은 부족들 간의 크고 작은 전쟁과 도적들이 빈번하던 곳이었다. 고향을 떠나 객지를 떠도는 나그네, 혹은 타 민족 이주민들은 이러한 상황에서 가장 취약한 처지에 있을 수밖에 없었다. 나그네와 타 민족 이주민들을 환대하는 전통이 만들어진 것도 바로 이러한 이유에서였다. 언젠가 처지가 바뀌어 자신이 나그네가 되더라도 도움의 손길을 구할 수 있도록 사회적 신뢰와 연대를 구축하려는 것이다.

성서에서 나그네로 번역되는 히브리어 '게르'ךֵר라는 단어는 타국, 혹은 타 민족에서 이주해 온 사람들을 지칭한다. 이스라엘의 조상 아브라함도 고향 하란을 떠나서 이주한 게르였다. 이스라엘의 12지파를 나타내는 야곱의 12 자손들도 이집트로 이주하여 게르로 400년간을 살았다. 그래서 구약성서에는 유독 이러한 게르에게 각별한 관심을 가지도록 요구하는 구절들이 적지 않다. 사회적 약자로 주로 언급되는 부류는 언제나 과부와 고아, 그리고 게르였다. 게르는 일을 하여도 품삯을 못 받기 쉬우므로 미루지 말고 반드시 지급하도록 명하였다. "같은 겨레 가운데서나 너희 땅 성문 안에 사는 외국 사람 가운데서, 가난하여 품팔이하는 사람을 억울하게 해서는 안 된다. 그날 품삯은 그날로 주되, 해가 지기 전에 주어야 한다. 그는 가난한 사람이기 때문에 그날 품삯을 그날 받아야 살아갈 수 있다"(「신명기」, 24장 14-15절). 에스겔 예언자 또한, 바빌론 포로에서 벗어나 미래에 회복될 이스라엘에서 게르들도 이스라엘 백성들과 마찬가지로 토지를 분배받도록 해야 함을 다음과 같이 강조하였다.

이 땅을 너희가 이스라엘의 모든 지파별로 나누어 가져라. 너희는 말할 것도 없고, 너희 가운데 거류하는 외국 사람들, 곧 너희들 가운데서 자녀를 낳으면서 몸 붙여 사는 거류민들도 함께 그 땅을 유산으로 차지하게 하여라. 너희는 거류민들을 본토에서 태어난 이스라엘 족속과 똑같이 여겨라. 그들도 이스라엘 지파들 가운데 끼어서 제비를 뽑아 유산을 받아야 한다. 거류민은 그들이 함께 살고 있는 그 지파에서 땅을 유산으로 떼어 주어야 한다. 나 주 하나님의 말이다.(「에스겔」, 47장 21-23절)

이웃에 대한 규정에서도 게르가 포함되었다. "네 이웃을 네 몸처럼 사랑하라"(「레위기」, 18장 18절)는 구절에서 말하는 이웃은 우선 동족인 이스라엘 백성을 나타내지만, 동시에 게르를 함께 지칭하고 있다. "너희와 함께 사는 그 외국인 나그네를 너희의 본토인처럼 여기고, 그를 너희의 몸과 같이 사랑하여라. 너희도 이집트 땅에 살 때에는, 외국인 나그네 신세였다."(19장 34절) 특히 이집트에서의 노예 생활을 언제나 기억해야 한다고 하였다. 이집트 사람들에게서 증오나 복수심을 떠올리라는 것이 아니다. "이집트 사람을 미워해서도 안 된다. 너희가 그들의 땅에서 나그네로 살았기 때문이다. 그들에게서 태어난 삼대 자손들은 주의 총회 회원이 될 수 있다."(「신명기」, 23장 7-8절)

이처럼 초기 이스라엘 형성과 관련한 자료들에서는 유대적 정체성에 대한 강조나 순혈주의를 찾아보기 어렵다. 하나의 단일한 혈통으로 이루어진 민족이라는 주장은 후대에 종교적·민족적 위기 상황에서 만들어진 것이며, 가나안 제국들의 압제와 착취에 대한 반작용으로서 배타적 유대 민족주의로 이어지게 된 것이다. 하지만 이로부터 혈통적 정체성과 종교적 정체성을 일치시키는 새로운 종교적 흐름이 포로기 이후에 생겨나게 되었다. 패망한 이스라엘 왕국의 회복이 곧 이스라엘 사람들의 종교적 목표가 된 것이다. 오늘날의 시온주의 운동은 이스라엘 사람들의 종교적 목표를 정치 운동으로 변질시킨 현대적 사례 가운데 하나일 것이다. 하지만 서구 신학자들이나 시온주의자들이 생각하듯 현대 이스라엘 국가가 고대 이스라엘 민족의 후손으로서 그 계보를 잇고 있다고 판단할 성서적 근거는 전혀 없다.

4. 이스라엘 종교는 가나안 종교에 대해 배타적인가?

고대 이스라엘의 문화와 종교가 가나안 문화와 무관하게 발전한 것이 아니며, 오히려 메소포타미아의 종교가 매우 광범위하게 영향을 끼쳤다는 사실은 이미 19세기에 델리취F. Delitzsch의 메소포타미아 유물들에 대한 연구를 통해서 알려졌다. 이를테면, 성서의 중심 테마를 이루는 창조와 타락, 홍수, 모세 이야기 등은 이스라엘 사람들이 가나안에 들어가기 훨씬 이전부터 고대 근동 지역에 널리 퍼져 있던 신화와 관련되어 있었다. 그의 연구는 고대 이스라엘 종교만의 특징으로 간주되던 것들 ── 유일신 개념, 안식일 규정, 율법 등 ── 이 더 이상 이스라엘 종교의 우월성을 입증하는 증거일 수 없음을 알려 주었다.

고대 히브리 문서들에 대한 이러한 문헌학적 연구가 보여 주는 것은, 고대 이스라엘의 종교와 가나안 종교가 초기부터 배타적인 관계는 아니었으며, 오히려 가나안 토착 종교와의 융합 속에서 자신들의 종교를 형성해 갔다는 점이다. 또한 그들이 처음부터 하나의 단일한 종교나 유일신관을 가진 것이 아니며, 구약의 모세오경이나 역사서에 등장하는 무수한 신명神名들 또한 당시 가나안 신화에 등장하는 주요 신들의 명칭이었다는 사실이다.

야훼 신앙의 경우, 겐족과 미디안족으로부터 기원하여 남부의 이스라엘 집단이나 세겜 중심의 이스라엘 집단으로 전달된 것으로 추측되고 있다. 이스라엘 민족의 가나안 정착 훨씬 이전부터 야훼는 가나안 지역의 한 신으로서 존재하고 있었다는 말이다. 다시 말해, 야훼 신앙은 각기 독립된 기원을 갖는 고대 근동 지역의 여러 전승들 가운데 하나였으며, 후대에 이러한 전승들이 야훼 신앙으로 통합되었던 것이다.

고대 이스라엘인들에게서 신을 가리키는 가장 일반적인 명칭은 야훼가 아니라 엘El이었다. 엘은 신을 나타내는 보통명사로도 쓰였지만, 원래 가나안 만신전pantheon의 우두머리이자 최고신을 가리키는 고유명사였다. 가나안 신화에서 엘은 '정정한 분', '영존하시는 왕', '옛적부터 계시던 분'으로 불리며, 연회나 회의를 주재하는 모습으로 등장한다. 이스라엘이라는 명칭에서도 볼 수 있듯이 그들은 자신들의 민족명에 야훼Yahweh를 붙여 '이스라-야ya'라고 하지 않고 '이스라-엘El'이라 불렀다. 신의 명칭을 이름에 붙이던 그들의 관습에서 엘을 자신들의 민족을 가리키는 이름으로 사용한 것이다.

고대 이스라엘인들은 초기부터 자신들의 야훼를 엘과 일치시켜 이해하였다. 「창세기」 14장에는 이스라엘의 조상 아브라함이 가나안의 제사장 멜기세덱과 만나서 가나안의 엘과 야훼를 일치시키는 장면이 등장한다. 멜기세덱을 만난 직후에도, 아브라함은 가나안의 소돔왕을 만나 엘리욘을 찬양하면서 야훼와 일치시키고 있다. 여기서 이스라엘의 야훼와 가나안의 엘, 엘리욘 간의 어떠한 대립이나 갈등도 발견되지 않는다. "하늘과 땅을 지으신 가장 높으신 이, 엘·엘리욘, 야훼께 나의 손을 들어서 맹세합니다."(「창세기」, 14장 22절)

또한, 「창세기」 1장에는 하나님이 사람을 창조할 때에 "**우리**의 형상을 따라 **우리**의 모양대로 **우리**가 사람을 만들고 그로 바다의 고기와 공중의 새와 육축과 온 땅과 땅에 기는 모든 것을 다스리게 하자"(「창세기」 1장 26절, 강조는 인용자)라고 기록되어 있다. 여기서 창조 주체인 하나님이 단수가 아닌 복수 '우리'we로 기록되어 있는데, 이는 엘신이 신들의 회의나 연회를 주재하면서 세상을 창조하는 가나안 신화를 그 배경으로 갖고 있다.[9]

이스라엘의 국가 성립 이후 이방 종교의 우상이라 하여 정책적으로 타파되었던 바알Baal까지도 본래는 모두 자신들이 섬기던 신의 옛 이름이자 가나안 신이었다.[10] 이를테면 「사사기」에 등장하는 사사 기드온의 또 다른 이름인 여룹바알(바알이여, 싸우소서)에서도 볼 수 있듯, '바알'은 고대 이스라엘인에게서 야훼와 동일한 신으로

---

9 Frank Moore Cross, *Canaanite Myth and Hebrew Epic*, Cambridge, Ma.: Harvard University Press, 1973, p. 20.

10 카일 맥카터, 「이스라엘 종교의 기원」, 『고대 이스라엘의 기원』, 170-171쪽.

이해되었으며 야훼 신앙과 바알 신앙은 상호배타적인 것으로 이해되지 않았다. 사울과 다윗도 자신들의 아들에게 바알이라는 이름을 지어 주었으며(므비바알, 이스바알), 기원전 8세기까지도 고대 이스라엘 사람들은 야훼를 바알이라고 불렀다.[11]

구약에서 야훼를 용사신Divine Warrior으로 묘사하는 초기의 시詩 대부분도 사실은 바알이 폭풍신으로 자신을 나타내는 가나안 신화의 어법을 그대로 차용해 온 것들이다.[12] 가나안 신화에서 바알은 구름과 불을 몰고 다니며 천둥과 번개를 치는 폭풍신으로 소개된다. 그는 용맹한 전사이지만, 한편으로 비를 내리는 풍요의 신이기도 했다. 요셉이 이집트 왕의 꿈을 풀이하면서 7년간의 풍년과 7년간의 기근을 말하는 것도 바알 신화에 기원을 두고 있다. 바알은 죽음과 기근의 신 모트와 싸움을 벌이는데, 바알이 승리하면 7년간의 풍년이 지속되지만, 모트가 승리할 경우 7년의 흉년과 기근이 일어나게 된다는 것이다.

바알의 싸움은 하늘과 땅이 진동하는 우주적 전쟁으로 그려지며, 전쟁에서 승리하여 자신의 신전이 있는 북방산으로 돌아와 당당하게 왕으로 즉위하는 모습으로 묘사된다. 성서에서 구름과 불기둥으로 이스라엘 민족을 이끌었던 것이나, 시내산에서 계시를 하는 장면 등은 전형적인 폭풍신 바알의 모습이라 할 수 있다. 또한, 「출

---

11 버나드 W. 앤더슨, 『구약성서 이해』, 강성열·노항규 옮김, CH북스, 1994, 237-238쪽.

12 Michael D. Coogan, *Stories from Ancient Canaan*, Philadelphia: Westminster Press, 1978, pp. 75-85.

70   1부 · 현대 정치철학과 정치신학

애굽기」15장 1-18절까지 나오는 이른바 '바다의 노래'는 바알이 바다의 신 '얌'을 무찌르고 승리하게 된다는 가나안 신화의 테마를, 야훼가 자신의 코에서 나오는 폭풍으로 이집트 군사들을 바다로 집어던져 무찌른다는 내용으로 변형시킨 것이다.[13] 이와 같이 고대 이스라엘에서는 야훼가 바알처럼 용맹한 전사이자 우주적 왕이라는 관념이 널리 인정되었다.

그렇다면 고대 이스라엘인들이 이처럼 자신들의 야훼를 가나안 신들과 동일시하여 이해하려 했다는 사실을 어떻게 받아들여야 할까? 이에 대한 전통적인 견해는 이스라엘에 비해 열등하고 미개한 가나안의 종교와 문화가 점차 우월한 야훼 신앙에 의해 압도되었다는 것이었으나, 그들의 주장처럼 가나안 종교와 문화가 고대 이스라엘의 것보다 열등하지 않으며, 오히려 훨씬 풍요롭고 다양했음을 성서와 가나안 신화 곳곳에서 확인할 수 있다. 고대 이스라엘인들은 처음부터 배타적이고 폐쇄적인 민족주의적 태도로 타 종교와 문화를 적대시하지 않았다. 그러한 태도는 국가 수립 이후에 비로소 형성된 것이었고, 오히려 이스라엘 사람들은 가나안 종교와 문화를 통해 자신들의 야훼 신앙을 더 풍부하게 발전시킬 수 있었다.

고대 이스라엘 종교가 가나안 문화와 종교의 영향 아래서 형성되고 발전해 갔다는 점은 우리에게 무엇을 시사하는 것일까? 이스

---

13 Cross, *Canaanite Myth and Hebrew Epic*, pp. 112-144.

라엘 종교는 가나안 종교를 가져다 베낀 아류에 불과하다고 말해야 하는 것일까? 여기서 우리는 이렇게 반문을 던질 수 있다. 과연 종교는 자신을 둘러싼 문화와 종교라는 환경으로부터 자유롭게, 독자적으로 생겨나고 발전할 수 있을까? 오히려 그러한 영향을 받을 때에만 비로소 발전할 수 있는 것이 아닐까? 주변 문화와 종교의 도움 없이 독자적으로 발전한 종교란 현실에서 존재하지 않는다. 고대 그리스도교는 헬레니즘의 영향을 통해 그 깊이와 내용을 더할 수 있었으며, 중세 그리스도교 또한 아리스토텔레스 철학이나 중세 이슬람 사상으로부터 많은 영향을 받았다. 고대 이스라엘 종교라고 해서 예외일 수는 없는 것이다.

종교는 다양한 문화와 종교들 간의 접합과 뒤섞임 속에서 하나의 역사적 산물로서 존재할 수밖에 없다. 종교는 결코 순수한 형태로 존재하지 않으며, 완전한 형태를 갖출 수도 없다. 고대 이스라엘 종교가 가나안의 다양한 여러 문화와 종교로부터 탄생한 신생 종교인 것처럼 말이다.

한편, 종교 간의 접합과 뒤섞임은 그 차이들마저 무화시킴을 의미하지 않는다. 제각기 고유한 역사적 경험을 통해 자신들만의 신앙 체계를 만들어 가게 되는 것이다. 초기 이스라엘 공동체에서는 자신들의 야훼 신앙을 가나안 종교와 문화를 통해 해석했지만, 한편으로 그에 대한 경계심과 두려움을 동시에 지니고 있었다. 왜냐하면, 이들에게 가나안 종교와 문화란 자신들이 벗어나고자 했던 옛 도시 국가의 압제와 억압을 의미했기 때문이다. 그들은 가나안의 종교와 문화를 출애굽 전승으로부터 해석하는 신앙을 지니고 있었다. 그래서 가나안으로의 동화 또는 흡수는 옛 이집트 노예 생활로의 회귀를 연상시켰던 것이며, 이로부터 가나안 종교와 왕정 질서에 대한 거리 두기의 양상이 나타났던 것이다. 그리고 이는 향후 이스라엘 왕정 제도의 도입 여부를 둘러싼 갈등이 빚어지는 원인으로 작용하였다.

고대 이스라엘 공동체는 상이한 유래와 배경을 갖는 이질적인 혼성 집단으로 출발하였으며, 그들의 문화나 종교 또한 가나안 문화와 종교와의 영향 속에서 형성되었다. 이스라엘 왕정 국가가 설립되기 이전 시기에는 고대 이스라엘 공동체에게서 가나안 문화와 종교에 대한 배타적·적대적 태도를 찾아보기 어렵다. 훗날 이스라엘 왕정이 붕괴되고 포로기를 지나면서 이스라엘 민족의 종교적 정통성과 혈통적 단일성을 강조하는 경향이 두드러짐에 따라 가나안 종교와 문화에 대한 그러한 태도가 나타나기 시작했다. 이스라엘 국가의 패망에 따른 절망감, 그리고 재건에 대한 기대 속에서 배타적인 유대 민족주의가 등장하게 된 것이다.

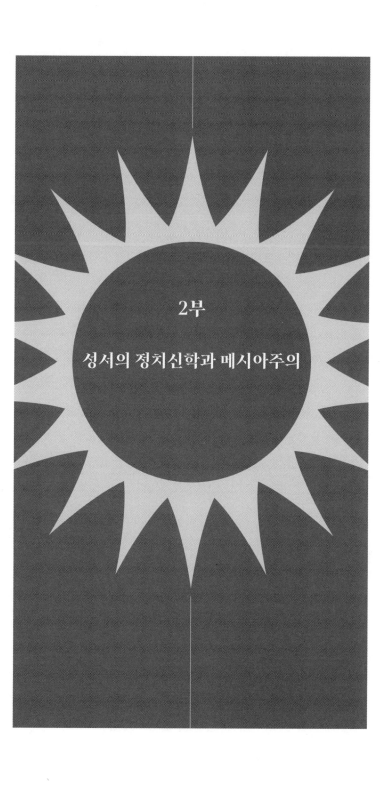

2부

성서의 정치신학과 메시아주의

3장
이스라엘 왕정 수립과 두 가지 정치신학

1. 고대 이스라엘의 표준적 역사와 두 가지 정치신학

통상 「신명기」에서 「열왕기」에 이르는 고대 이스라엘 역사를 저술한 포로기 시대의 저자들을 '신명기 사가史家'라고 지칭하며, 이들에 의해 재구성된 고대 이스라엘의 표준적 역사를 '신명기 역사'라고 부른다. 신명기 역사의 관점에서 이스라엘 왕국의 수립은 이스라엘 전체 역사의 가장 중요한 전환점을 이룬다. 왜냐하면, 출애굽 이후 이스라엘 민족을 구원하겠다는 하나님 자신의 약속이 마침내 모두 성취되었음을 의미했기 때문이다. 즉, 아브라함의 후손들이 하나님께서 주신 약속의 땅 가나안으로 들어가 이방 민족들을 모두 무찌르고 하나의 왕국을 세우는 데 성공함으로써 출애굽 이후의 모든 여정이 마침내 마무리되었음을 뜻했던 것이다. 이로써 이스라엘 왕국은 하나님의 섭리에 따라 세워진 나라로서 어떠한 외부의 위협이나 침략에도 결코 무너질 수 없는 영원한 왕국이라는 신학적 위상까지 갖게 되었다. 따라서 이스라엘 왕국의 수립은 출애굽에서부터 포로기에 이르는 이스라엘 역사 전全 과정의 성패 여부를 가늠하는 하나의 기준점이 되었다.

하지만 신명기 사가들은 왕정 수립에 대한 비판적인 견해도 성서에 함께 포함시켰다. 포로기 이후에 이스라엘 패망에 대해 신학적으로 평가하면서 국가 설립 이전의 지파 동맹으로부터 강하게 유지되어 왔던 반反왕정 전통을 일방적으로 배제시킬 수 없었기 때문이다. 사실 이스라엘의 왕정 설립은 대단히 논쟁적인 문제가 아닐 수 없었다. 지파 동맹 체제에서는 왕정 수립이 야훼에 대한 도전이라는 매우 회의적인 태도를 고수하고 있었고, 왕정 수립 이후에도 예언자들을 통해 왕정을 견제하려는 경향이 계속 유지되어 왔던 것이다. 그러나 유대 지파를 배경으로 권력을 장악한 다윗의 왕위 등극 이후로 왕실 예언자들은 왕정 체제를 적극적으로 옹호하는 입장에서 친親왕정 신학을 내세우게 되었다. 이들은 왕이 없던 사사 시대를 사회적·종교적으로 혼란한 무법천지로 규정하고 다윗 왕조야말로 하나님께서 직접 세우신 왕국으로서 어떠한 위협에도 무너지지 않는 영원한 국가가 될 것이라고 하였다.

이로부터 국가 체제를 둘러싼 상이한 입장을 가진 두 가지 유형의 정치신학이 등장하게 되었다. 하나는 지배 질서로부터의 해방과 출애굽의 기억을 통해 형성된 비중심화되고 탈제도화된 정치신학으로, 국가에 대해 비판적인 거리를 유지하면서 출애굽의 해방적 전통을 실천할 것을 강조한다. 이는 지파 동맹 전통을 계승한 예언자들에 의해 국가 권력을 끊임없이 비판하고 견제하는 양상으로 전개되었다. 다른 하나는 다윗 왕조의 영원성을 강조하는 유대 중심의 친왕정 신학이었는데, 이들은 왕정 체제의 정당성을 강조하는 왕조 이데올로기를 만들어 내었다. 이스라엘의 분열 이후에는 남유다 왕국만의 정통성을 주장하면서 포로기 이후에까지 배타적 유대 민족주의를 고수하려는 양상으로 이어지게 된다.

2. 지파 동맹 체제의 탈국가적 정치신학

야훼 신앙의 해방적 성격

가나안 산지에 정착하게 된 이스라엘 사람들은 12지파의 동맹체 형태로 존재하였다. 지파 동맹의 구성원 대다수는 도시 국가들의 압제로부터 이탈한 떠돌이 하층민 —— 이른바 '하비루' —— 출신이었고, 여기에 출애굽 전승 집단이 합류하면서 야훼 신앙을 중심으로 하는 지파들의 공동체로 형성된 것이다. 이들에게서 야훼 신앙은 또한 인간 군주에 의한 통치가 아니라 하나님에 의한 통치만을 인정한다는 신앙 고백이기도 했다. 그 어떤 정치적인 지배 체제도 종교적으로 정당화될 수 없었다. 오직 하나님만이 자신들을 통치할 수 있다는 신정정치적theocratic 태도는 출애굽 전승에 의해서 형성된 것이었다.

지파 동맹 공동체 구성원들은 대체로 소규모의 자급자족적인 삶을 유지하고 있었다. 이들의 공통된 관심사는 주변 민족들의 압제와 속박으로부터 해방되어 평화롭고 자유로운 삶을 살아가는 것에 있었다. 여기서 지파 동맹 공동체만의 독특한 조직 형태를 만나게 되는데, 무엇보다도 중앙집권적인 정치권력이 부재했으며 자치적인 성격이 강했던 각 지파들 간의 연합으로 구성되어 있었다는 점이 그러하다.[1] 이는 군주제적 통치에 반대하는 정치적 선택의 결과이기도 했다. 어느 특정한 지파가 더 우위에 있지 않았으며, 각 지파들은 모두가 동등한 권한을 인정받았다. 이들에게서 야훼 신앙은 각 지파의 경계를 넘어 지파들 간의 사회적 연대를 형성하도록 하는 중요한 구심점이 되었다.

모세 사후에 이스라엘의 지도자가 된 여호수아는 자신들이 다양한 집단들로부터 유래했음을 말하며, 앞으로는 출애굽의 신神인 야훼 신앙으로 하나가 되어야 함을 강조한다. "이집트에서 구출된 너희의 조상이 홍해에 다다랐을 때에, 이집트 사람들이 병거와 마병을 거느리고 홍해까지 너희 조상을 추격하였다. 너희의 조상이 살려 달라고 나 야훼에게 부르짖을 때에, 내가, 너희들과 이집트 사람들 사이에 흑암이 생기게 하고, 바닷물을 이끌어 와서 그들을 덮었다."(「여호수아서」, 24장 6-7절) "여러분은 이제 야훼를 경외하면서, 그를 성실하고 진실하게 섬기시오. 그리고 여러분은, 여러분의 조상이 강 저쪽의 메소포타미아와 이집트에서 섬기던 신들을 버리고, 오직 야훼만 섬기시오."(24장 14절)

지파 동맹은 주변 국가들의 군주제와는 다른 독특한 정치제도를 지니고 있었다. 자신들이 필요로 하는 만큼만 일시적으로 정치

---

1 라이너 알베르츠, 『이스라엘 종교사 1』, 강성열 옮김, CH북스, 2003, 156-163쪽.

권력을 제도화하는 방식을 택한 것이다. 긴급한 공동 현안이 있을 때에만 각 지파의 대표자들이 함께 모여서 그때그때마다 대응 방안을 결정하였다. 그 외의 사안에 관해서는 각 지파들은 강력한 자율권을 가지고 있었다. 왕정 국가들처럼 상비군을 운영하지도 않았다. 외부의 침략이 있을 경우에만 공동으로 시민군을 모집하였으며, 전쟁이 끝나면 곧바로 자신들이 속한 지파로 되돌아가서 각자의 생업에 종사하였다.

지파 동맹의 지도자를 사사士師 혹은 판관判官이라고 불렀는데, 하나님으로부터 부르심을 받은 카리스마적 인물들만이 될 수 있었다. 이들은 하나님의 영이 임함에 따라 특별한 능력을 갖게 되고, 이를 통해 하나님의 메시지를 전하며 지파를 통치하는 역할을 하였다. 또한, 전투에 참여하여 뛰어난 능력을 발휘함으로써 주변 민족들로부터의 공격을 막아 낼 수 있었다. 이러한 카리스마는 개인의 천재적인 재능을 뜻하지 않으며 주술적인 것과도 달랐다. 그것은 하나님의 영이 임할 때에만 주어지는 것이기에 단지 일시적으로만 유지될 수 있었다. 그 밖에도 사사들은 지파 간의 문제를 해결하거나 개인들 사이에서 일어난 각종 송사에 대한 재판을 진행하기도 했다. 이들은 정치적 무명인, 국외자, 장애인, 여성 등 다양한 출신, 연령, 성별을 지닌 사람들로 이루어져 있었다. 평소에는 각자의 생업에 따라 살아가다가 이스라엘에 위기가 닥쳤을 경우에는 직접 나서서 문제를 해결하곤 했다. 사사의 직책은 왕과 달리 세습되지 않았는데, 이는 권력이 특정 가문이나 집단에 의해 독점되는 것을 방지하는 효과가 있었다.

지파 동맹 체제에서는 계급이나 빈부 간 차별이 없었으며 공동으로 생산하고 사용하는 평등한 공동체적 관계가 유지되었고,[2] 이로부터 형제애와 이웃에 대한 사랑이라는 사회적 약자와 타자에 대한 윤리가 발전했다.[3] 지파 동맹의 이러한 자유롭고 평등한 사회에 대한 이상은 훗날 요시야 왕의 신명기 개혁에서 사회적 약자를 보호하고 경제적·사회적 차별을 줄이는 조치들을 율법에 도입하는 계기가 되었다. 특히 십일조를 통해 과부와 고아, 나그네를 도와주며, 안식년과 희년 제도를 시행하여 채무를 탕감하고 노예를 해방시키도록 하는 조치들이 포함되었다.[4]

지파 동맹의 왕정 수립에 대한 반감

이스라엘 지파 동맹은 주변 군주제 국가들의 군사력과 비교할 때 매우 열악한 수준에 있었다. 지파들 간의 공동체적 연대는 주로 사회적이고 종교적인 차원에서 이루어졌으며, 군사적인 측면에서는 단지 위급한 상황에만 일시적으로 대응하는 정도에 머물러 있었다. 주변 국가들처럼 중앙집권적인 왕정 체제 아래서 상시적으로 운용되는 상비군과는 애초부터 거리가 멀었던 것이다. 사사들의 영향력

---

2 알베르츠, 『이스라엘 종교사 1』, 203쪽.

3 한동구, 『고대 이스라엘의 사회사』, 대한기독교서회, 2001, 18쪽 이하.

4 존 브라이트, 『이스라엘 역사』, 박문재 옮김, CH북스, 1993, 198쪽. 한편, 약자와 고아, 나그네에 대한 윤리가 유목민적 전승 자료(N자료층)에서 온 것이라는 견해에 대해서는 게오르그 포러, 『구약성서개론(상)』, 방석종 옮김, 성광문화사, 1985, 259-264쪽을 참조.

이 지파의 경계를 넘어서 있었다고는 하지만 대부분의 활동은 자신이 속한 지역에 국한되었으며 지파들 간의 결속력도 느슨했으므로 외부의 공격을 막아 내기에는 역부족이었다.

블레셋, 에돔, 모압, 암몬, 미디안 등 주변 민족들의 잦은 침입에 시달리던 지파 동맹은 사사 시대 말기에 철기로 무장한 블레셋이 본격적인 정복 전쟁에 나서면서 커다란 위기를 맞이하였다. 야훼 신앙의 상징인 법궤를 들고 나가서 블레셋과 싸우고자 했지만 결국 법궤까지 빼앗기며 지파 동맹은 크나큰 어려움에 봉착하게 되었다.

「사사기」에는 이 시대의 혼란상을 묘사하는 "그때에는 이스라엘에 왕이 없었으므로"(17장 6절, 18장 1절, 19장 1절, 21장 25절)라는 구절이 자주 등장한다. 특히 "그때에는 이스라엘에 왕이 없었으므로, 사람들은 저마다 자기의 뜻에 맞는 대로 하였다"(「사사기」, 21장 25절)라는 표현은 왕이 다스리지 않았기 때문에 외부의 침입을 막아 내지 못했을 뿐만 아니라 종교적으로도 타락하여 혼란에 빠지게 되었다는 평가였다. 이는 지파 동맹 이후에 설립될 왕국을 정당화하는 친왕정적 관점에서 지파 동맹 시절을 회고하며 평가한 것이라 할 수 있다. 왕정이 수립되지 않았던 지파 동맹 체제의 불완전함과 향후 왕정 수립의 불가피성을 강조하려는 의도를 드러낸 표현인 것이다.

지파 동맹 내부에서 왕정을 수립하려는 시도가 전혀 없었던 것은 아니지만, 그럼에도 왕정에 대한 뿌리 깊은 반감 때문에 번번이 좌절되었음을 여러 기록들에서 확인할 수 있다. 「사사기」와 「사무엘서」에는 지파 동맹의 반反왕정적 전통을 잘 보여 주는 여러 일화들이 등장한다. 이스라엘 사람들을 가장 많이 괴롭히는 주변 민족 가운데 하나였던 미디안 족속은 그중에서도 특히 악명이 높았다. 그들은 농작물만이 아니라 양과 소, 심지어 나귀까지 남김없이 가져갔다. 이를 보다 못한 사사 기드온은 군사 300명을 이끌고 미디안 족속을 무찔렀는데, 이를 계기로 미디안 족속의 압제로부터 이스라엘을 해방시킨 영웅으로 추앙받고 마침내 왕으로 추대되기에 이른다. 하지만 그는 자신을 왕으로 세우려는 시도를 극구 반대하며 다음과 같이 답하고 있다. "이스라엘 사람들이 기드온에게 말하였다. 장군께서 우리를 미디안의 손에서 구하여 주셨으니, 장군께서 우리를 다스리시고, 대를 이어 아들과 손자가 우리를 다스리게 하여 주십시오. 그러나 기드온은 그들에게 말하였다. 나는 여러분을 다스리지 않을 것입니다. 나의 아들도 여러분을 다스리지 않을 것입니다. 오직 야훼께서 여러분을 다스리실 것입니다."(「사사기」, 8장 22-23절)

왕정 제도에 대한 더 노골적인 반감은 아비멜렉의 사례에서 찾아볼 수 있다. 기드온의 아들 아비멜렉은 자신의 이복형제 70명을 죽이고 나서 스스로 왕이 되고자 하여 3년간 통치하였던 인물이다. 하지만 그 후에는 반란이 일어나 결국 죽임을 당했다. 이스라엘에서 최초로 세습 왕조를 세우려던 시도가 좌절된 것이다. 이에 대해 기드온의 아들 요담은 아비멜렉을 왕이 되고자 하는 가시나무로 비유하며(「사사기」, 9장 8-15절) 그를 조롱한다. 비유는 다음과 같다. 나무들이 올리브나무와 무화과나무, 포도나무를 찾아가 자신들의 왕이 되어 달라고 부탁했지만 모두 거절당한다. 각기 좋은 기름과 열매, 포도주를 내는 것을 더 좋아하는데, 굳이 왕이 되어 다른 나무들 위에 군림할 이유가 없다는 것이다. 여기서 올리브나무와 무화과나무, 포도나무 등은 각 지파를 나타낸다. 그런데 가시나무만이 자신이 왕이 되겠다고 자처하며 다른 나무들을 모두 불사르고 말았다. 즉, 아비멜렉은 아무런 유익도 없는 가시나무와 같은 존재이며, 스스로 왕이 되고자 다른 형제들을 모두 불사르는 악행을 저지르고 있다고 강력히 비난한 것이다.

하지만 블레셋의 공격이 거세지면서부터 점차 왕정에 대한 요구가 높아지기 시작한다. 이스라엘의 마지막 사사 사무엘이 활동하던 당시 블레셋에게 법궤를 빼앗기는 치욕적 사건이 발생했는데, 이는 이스라엘 사람들이 왕정을 요구하는 직접적인 계기가 되었다. 이스라엘 장로들은 사무엘을 찾아와 "이제 모든 이방 나라들처럼 우리에게 왕을 세워 주셔서 왕이 우리를 다스리게 하여 주십시오"(「사무엘상」, 8장 5절)라며 간청하였다. 사무엘은 왕정 수립에 대해 부정적이었지만, 이스라엘 백성들은 외부의 침입에 대응하기 위한 현실적 필요에 따른 것이라며 왕정 수립의 불가피함을 거듭 호소하였다. 사무엘은 하나님께 기도하는 중에 그것이 하나님 자신을 저버린 행위라는 답변을 듣는다. "그들이 너를 버린 것이 아니라, 나를 버려서 자기들의 왕이 되지 못하게 한 것이다. […] 그들의 말을 들어주되, 엄히 경고하여 그들을 다스릴 왕의 권한이 어떠한 것인지 알려 주어라."(8장 7-9절) 이에 사무엘은 이스라엘 사람들에게 왕정이 도입될 때 장차 어떠한 일을 겪게 될 것인지를 알려 주었다.

너희를 다스릴 왕의 권한은 이러하다. 그는 너희의 아들들을 데려다가 그의 병거와 말을 다루는 일을 시키고, 병거 앞에서 달리게 할 것이다. 그는 너희의 아들들을 천부장과 오십부장으로 임명하기도 하고, 왕의 밭을 갈게도 하고, 곡식을 거두어들이게도 하고, 무기와 병거의 장비도 만들게 할 것이다. 그는 너희의 딸들을 데려다가, 향유도 만들게 하고 요리도 시키고 빵도 굽게 할 것이다. 그는 너희의 밭과 포도원과 올리브 밭에서 가장 좋은 것을 가져다가 왕의 신하들에게 줄 것이며, 너희가 거둔 곡식과 포도에서도 열에 하나를 거두어 왕의 관리들과 신하들에게 줄 것이다. 그는 너희의 남종들과 여종들과 가장 뛰어난 젊은이들과 나귀들을 끌어다가 왕의 일을 시킬 것이다. 그는 또 너희의 양 떼 가운데서 열에 하나를 거두어 갈 것이며, 마침내 너희들까지 왕의 종이 될 것이다. 그때에야 너희가 스스로 택한 왕 때문에 울부짖을 터이지만, 그때에 야훼께서는 너희의 기도에 응답하지 않으실 것이다.(8장 11-18절)

사무엘에게서 왕정 체제의 도입은 그동안 지파 동맹 체제 아래서 자유롭고 평등하게 살던 이스라엘 백성들의 시대가 끝남을 의미했다. 전제군주 아래서 사내들은 병사로 징집되고 부녀자들은 왕의 종이 될 것이며 농사지은 것을 빼앗기고 각종 세금으로 착취당하게 될 것이다. 사무엘은 왕정의 도입이 초래할 사태를 경고한 것이다. 그의 이러한 경고에도 불구하고 이스라엘 백성들은 자신들의 요구를 접지 않은 채 거듭 왕을 세워 달라고 요구했다. "그렇지 않습니다. 우리에게도 왕이 있어야 되겠습니다. 이방 나라들처럼, 우리의 왕이 우리를 다스리며, 그 왕이 우리를 이끌고 나가서, 전쟁에서 싸워야 할 것입니다."(8장 19-20절) 왕정을 통해 강력한 중앙집권적인 권력을 수립한다면 가나안 민족들의 침입에 충분히 대응할 수 있으리라 기대한 것이다.

그러나 사무엘은 그것이 야훼에 대한 크나큰 죄악이라는 점을 거듭 지적하였다. "오늘날 너희는, 너희를 모든 환난과 고난 속에서 건져 낸 너희 하나님을 버리고, 너희에게 왕을 세워 달라고 나에게 요구하였다."(10장 19절) "왕을 요구하는 것이, 야훼께서 보시기에 얼마나 큰 죄악이었는지 밝히 알게 될 것이다."(12장 17절) 이스라엘 백성들 역시 왕정 수립이 야훼를 저버리는 죄악임을 분명히 자각하고 있었다. "우리가 우리의 모든 죄에 왕을 구하는 악을 더하였습니다."(12장 19절)

사무엘만이 아니라 왕정 설립 초기부터 이스라엘의 예언자들은 왕정 수립에 끊임없이 제동을 걸었고, 그것이 이스라엘 지파 동맹의 해방적 전통과 배치되는 요소임을 상기시켰다. 사무엘은 비록 왕정 수립을 허용하기는 했지만, 왕정 도입이 하나님의 뜻에 따라 이루어진 것이 아니라 이스라엘 백성들이 가나안 왕정 체제에 동화된 결과이자 백성들의 요구에 의한 것이었음을 분명히 하였다. 따라서 왕정 수립에 따른 모든 불이익도 온전히 그들이 짊어져야 할 몫이라는 것이다.

3. 통치 이데올로기로서의 왕정 신학

이스라엘에게는 낯설었던 왕정 국가

이스라엘에서 가나안 남부 도시 국가들이 갖고 있던 형태의 왕정 제도가 도입되었다고 하더라도 지파 동맹의 사회질서나 영향력이 모두 사라진 것은 아니었다. 왕정 체제하에서도 각 지파별 전통은 여전히 존속되었으며, 지파 간 연대 또한 지속적으로 이어지고 있었다. 이스라엘의 왕들은 지파 동맹과의 협력하에서만 안정적으로 통치를 할 수 있었다.

이스라엘은 최초의 왕으로 사울을 추대하여 왕정 국가를 설립한다. 지파들 간의 동맹 체제를 유지해 왔던 이스라엘에게 왕정제도란 매우 이질적이고 낯설었다. 사울이 왕으로 등극하는 과정을 보면 매우 흥미로운 장면을 만날 수 있다. 어느 날 사울은 도망친 나귀를 찾다가 사무엘을 만나게 되었다. 그리고 사무엘로부터 앞으로 자신이 왕이 될 것이라는 예언을 듣는다. 사무엘은 사울의 머리에 기름을 붓고 그를 왕으로 추대하였다(「사무엘상」, 10장 1절). 사울은 이를 아무에게도 발설하지 않은 채 혼자만 알고 있었다. 이후로 사무엘은 다시금 사울을 왕으로 추대하였다. 사무엘은 이스라엘의 모든 백성들을 미스바에 소집하여 각 지파별로 제비를 뽑아 왕을 선출하도록 하였는데, 이때 사울이 왕으로 선출되었다. 사울은 사람들로부터 몸을 피해 짐짝에 숨어 있었다. 짐짝에 숨어 있던 사울을 발견한 사람들은 그를 데리고 나와서 왕으로 추대하였다(10장 17-24절). 일부 사람들은 이를 못마땅하게 여겼는데, 그들은 사울이 듣는 앞에서 직접 그를 비난하고 업신여기는 행동을 하기도 하였다. 하지만 사울은 이를 못 들은 척하고 슬며시 자리를 피하였다. 왕으로 추대된 사울은 어쩐 일인지 그저 고향으로 되돌아가 소를 몰고 농사를 짓는다(11장 5절). 그러다가 암몬 족속이 침입한다는 급작스러운 소식이 들려왔다. 사울은 전쟁에 참여하여 커다란 공을 세웠고, 결국 백성들에 의해서 또다시 왕으로 추대되기에 이른다(11장 15절).

여기서 사울은 왕보다는 마치 지파 동맹 시절의 사사와도 같은 모습을 보여 주고 있다. 그는 암몬 족속과의 전쟁에서 하나님의 영에 의해 능력을 얻어 큰 승리를 거두었고 이를 통해 이스라엘을 위기에서 구해 낸 영웅으로서 왕으로 추대를 받았다. 이는 가나안의 주변 민족들의 왕정들에서는 쉽게 찾아볼 수 없는 독특한 면모라고 할 수 있다. 사울 왕정은 이후에 등장하게 될 다윗이나 솔로몬 시대의 일상화된 왕정과는 달리, 기존의 사사나 예언자들처럼 카리스마적인 지도력에 의존하는 특징을 가지고 있었다. 그의 왕권은 예언자들에 의해 끊임없이 제약을 받으면서 권력이 분점되는 양상을 취하였다. 하나님의 영이 사울에게 임하는 한에서, 그리고 율법의 전통과 지파 동맹 시기의 법규를 어기지 않는 한에서만 왕으로 인정받는, 매우 제한적이고 조건적인 왕권이었다.[5]

---

5 Frank Moore Cross, *Canaanite Myth and Hebrew Epic*, Cambridge, Ma.: Harvard University Press, 1973, pp. 221-223.

한편, 다윗이 등장하면서 사무엘서 후반의 왕정에 대한 태도는 정반대로 달라진다. 사울에 대한 부정적 평가와 다윗에 대한 긍정적 평가 속에서 다윗을 새로운 왕으로 부각시키려는 의도를 뚜렷하게 보여 주고 있는 것이다. 사울의 경우에는 사무엘이 집전해야 할 제사를 직접 행했다는 이유로 갑자기 폐위 선언이 내려지지만, 다윗이 법궤를 예루살렘으로 가져오면서 직접 제사를 드리는 것에 대해서는 오히려 축복의 예언이 내려지고 있다. 두 사람의 동일한 행위를 상반되게 평가하고 있는 것이다. 다윗의 등장 이후에 사울은 그를 죽이지 못해 서서히 미쳐 가는 비정상적인 인물로 그려진다. 또한, 블레셋의 공격을 막지 못하고 부하의 배신 속에서 결국 자살로 생을 마감하는 등 비참한 최후를 맞는 것으로 묘사된다. 반면, 다윗은 생존을 위해 블레셋 편으로 넘어가 이스라엘을 위협하는 등 명백한 반역 행위를 했음에도 정의로운 영웅으로 미화되고 있는 것이다.

본래 사울은 베냐민 지파의 가문에서 태어나 이스라엘 전체 지파의 지지를 받으며 왕으로 추대된 반면, 다윗은 유대 지파의 작은 시골 마을 출신이었고 사울의 직계 군인의 부하일 따름이었다. 사울이 왕으로 재위하고 있음에도 다윗을 왕으로 추대한 것은 이스라엘 전체 지파의 입장에서 보자면 일종의 반란 행위였다. 이 때문에 사울의 아들 이스보셋은 다윗과 2년간의 내전 상태에 들어가게 되지만 부하들의 배신에 의해 암살당하고, 결국 전쟁은 다윗의 승리로 끝나게 되었다.

그런데 다윗의 왕권은 기존의 왕권과는 매우 다른 성격을 지니고 있었다. 다윗의 왕권은 사울의 왕권처럼 조건적이거나 제약적이지 않았으며, 오히려 하나님 자신에 의해 영원성을 보장받는 왕권으로 승인되었던 것이다. 어떻게 이러한 전환이 일어나게 된 것일까? 서구의 구약학자들은 이를 다윗의 천재성에서 찾으려 했었다. 이를테면, 마르틴 노트는 이를 예루살렘을 수도로 선택한 다윗이라는 천재적 인물의 의지와 통찰력으로 설명하고 있다. 예루살렘은 결코 중심지 역할을 할 수 없었고, 지리적인 여건에서 보더라도 수도로 적합하지 않았다. 하지만 그 선택이 오늘날까지 중요한 의미를 갖게 된 것은 당시의 특수한 역사적 상황에 비추어 올바른 결단을 내린 한 천재적 인물의 의지와 통찰력 때문이라는 것이다.[6] 그러나 이를 개인의 천재성으로 돌리는 것이 과연 적절한 평가일까?

노트의 이러한 평가는 성서에서 묘사되는 다윗의 제왕적 이미지를 그대로 받아들인 것이며, 다윗 왕권이 예루살렘을 선택한 정치적인 이유에 대해서는 전혀 고려하지 않은 것이라 할 수 있다. 어째서 다윗은 이스라엘이나 유다도 아닌, 예루살렘이라는 중립적 지역을 수도로 정했던 것일까? 그것은 지파 동맹의 옛 제의 전통을 끌어들여 지파 동맹과 국가의 중심 성소로 삼고, 이를 통해 왕정이라는 낯선 제도에 기존의 전통적인 요소를 추가함으로써 이스라엘과 유다를 포함하는 거대한 통일 왕국을 세우려는 고도의 정치적인 고려에서 나온 것이라 할 수 있다. 또한, 그는 제사장 가문을 대표하며

6　마르틴 노트, 『이스라엘 역사』, 박문재 옮김, CH북스, 1996, 247쪽.

경쟁 관계에 놓여 있던 두 가문, 즉 북부 지파들을 배경으로 하는 모세 가문의 아비아달과 남부 지파를 대표하는 아론 가문의 사독을 각각 제사장으로 임명하는데, 이 역시 지파 동맹과 중앙 권력과의 갈등을 줄이려는 의도에서 이루어진 것이었다. 다윗의 이러한 시도가 성공을 거둠으로써 명실상부한 통일 왕국을 세울 수 있었다.[7]

　　다윗은 사울과 달리 주도면밀하게 왕실 중심의 중앙집권체제를 확립해 나갔다. 다윗은 사울의 딸 미갈과 결혼하는 등 권력에 대한 상당한 야심을 보여 주었고, 이를 경계한 사울에 의해 쫓겨났지만 왕권을 찬탈하기 위해 곧바로 자신의 용병 군대를 조직하였다. 지파의 장로들은 다윗을 왕으로 세워도 사울처럼 일정한 견제와 제한이 가능할 것으로 여겼다. 하지만 다윗은 용병 군대를 동원하여 신속하게 여부스 족속이 거주하던 예루살렘을 점령함으로써 지파 체제로부터 독립된 자신만의 거점을 확보하는 데 성공하였다. 전통적인 지파 동맹 조직은 다윗의 아들 압살롬을 지원함으로써 다윗 치하에서 지파 동맹의 법규를 존중하는 일종의 입헌 왕정을 수립하고자 했지만, 다윗의 용병에 의해 패배함으로써 결국 실패로 돌아가고 말았다.

　　다윗은 왕실의 중앙 군대 조직을 중심으로 관료 조직을 구축하고, 이를 통해 더 이상 지파 동맹 세력에 의존하지 않는 독자적인 왕권을 확립하게 된다. 다윗은 자신에게 속한 직업 군인들을 언제

7　Cross, *Canaanite Myth and Hebrew Epic*, pp. 229-231.

어디서나 자신의 목적을 위해 동원할 수 있었다. 그는 지파에 속하지 않으면서 오로지 왕에게만 충성을 다하는 새로운 계층이 출현하도록 했으며, 이를 통해 지파 동맹이 추구하던 평등주의적 사회 구조는 점차 붕괴했다. 왕실과 행정 조직이 비대해지면서 징집과 징세가 요구되었고, 솔로몬 왕은 국가 차원의 광범위한 건축 공사에 이스라엘 백성들을 동원함으로써 훗날 왕국이 분열되는 원인을 제공하기에 이른다.

다윗 왕조와 왕정 신학의 등장

지파 동맹의 전통에 충실했던 예언자들은 다윗 왕정에 대한 일정한 반감을 지니고 있었다. 예언자들이 다윗의 성전 건립에 대해 비판적이었던 것도 야훼 신앙이 하나의 국가 종교로 전락하는 것에 대한 우려 때문이었다. 가나안의 종교에서는 신에게 신전을 헌납하면 그곳에 신이 거하여 자신들을 보살펴 준다는 믿음이 있었다. 야훼를 위해 성전을 건립한다는 것도 야훼를 가나안의 신들처럼 오직 한 장소에만 거하는 신으로 만들 우려가 있었던 것이다. 반면, 지파 동맹 시기의 야훼는 자신의 신전을 필요로 하지 않는, 이동하는 신이었다. 그는 광야를 옮겨 다니던 유목민들의 신이었으며, 야훼가 임재하는 성막 또한 유목민들과 함께 이동했었다.

다윗이 성전을 지으려는 이유는 자신의 왕권을 과시하고 정당화하고자 함이었다. 가나안 종교의 신전처럼 거대하고 웅장한 신전을 지어서 모든 백성들에게 하나님이 다윗 왕권을 뒷받침하고 있음을 널리 보여 주려 한 것이다. 하지만 다윗은 야훼로부터 이러한 응답을 듣는다.

> "나 야훼가 말한다. 네가 내가 살 집을 지으려느냐? 그러나 나는 이
> 스라엘 자손을 이집트에서 데리고 올라온 날부터 오늘에 이르기까
> 지, 어떤 집에도 살지 않고, 오직 장막이나 성막에 있으면서 옮겨
> 다니며 지냈었다. 내가 나의 백성, 이스라엘의 어느 지파에게라도
> 나에게 백향목 집을 짓지 않은 것을 두고 말한 적이 있느냐?"(「사무
> 엘하」, 7장 5-7절)

야훼의 이러한 거절로 다윗의 성전 건립은 무산되고 말았다.
하지만 다윗 왕조의 통치 이데올로기가 점차 지파 동맹의 전통을
압도하면서, 나단을 비롯한 왕실 예언자들은 다윗의 왕권이 사울처
럼 조건적이거나 제한적이 아닌 무조건적이고 영원한 왕권이라고
설파하기 시작했다. 이른바 이스라엘의 왕정 신학이 등장하게 된
것이다. 다윗의 왕권은 결코 무너질 수 없는, 아니 무너져서는 안 될
영원한 나라로 선포되었다. 야훼는 다윗 왕조 위에 영원한 나라를
설립할 것이며, 또한 다윗의 후계자의 손에 의해 하나님이 영원토
록 머물 거처, 성전이 지어지리라고 선언한다.

> "이제 내가 한곳을 정하여 거기에 내 백성 이스라엘을 심어, 그들이
> 자기의 땅에서 자리 잡고 살면서 다시는 옮겨 다닐 필요가 없도록
> 하고, 이전과 같이 악한 자들에게 억압을 받는 일도 없도록 하겠다.
> [⋯] 뿐만 아니라 나 야훼가 너의 가문을 한 왕조로 만들겠다. [⋯]

네 몸에서 나온 자식을 후계자로 세워 그 나라를 튼튼하게 하여 주겠다. 그가 나의 이름을 드러내려고 집을 지을 것이며, 나는 그의 나라의 왕위를 영원토록 튼튼하게 하여 주겠다. [⋯] 내가 사울에게서 나의 총애를 거두어 나의 앞에서 물러가게 하였지만, 너의 자손에게서는 총애를 거두지 아니하겠다. 네 가문과 네 나라가 내 앞에서 영원히 이어 갈 것이며, 네 왕위가 영원히 튼튼하게 서 있을 것이다."(「사무엘하」, 7장 10-16절)

다윗에게서 성전의 건축은 야훼 하나님을 다윗 왕국의 수도 예루살렘과 연계시키는 의미를 지니고 있었다. 야훼는 예루살렘 성전을 통해서 시온산 보좌에 앉으시고 시온산에 거주하는 신이 되었다(「이사야」, 6장 1절, 8장 18절). 훗날 솔로몬에 의해 세워졌던 성전의 봉헌문에서도 이를 확인할 수 있다. "내가 참으로 야훼를 위하여 계실 전殿을 건축하였사오니 야훼께서 영원히 거하실 처소로이다."(「열왕기상」, 8장 13절) 이를 통해서 야훼 하나님이 자신들의 국가 제의, 자신들의 국가 성소와 완전히 동일시되도록 만들었다. 이스라엘 왕국의 기초는 출애굽 해방 전승에 있는 것이 아니라 야훼가 자신의 거처를 예루살렘의 시온산에 마련했다는 점에 있게 된 것이다. 시온산은 이제 우주와 온 세계의 중심이 되었다. 이러한 사고는 포로기 이후 사독계 제사장들에 의해 성전의 회복이 곧 이스라엘의 회복을 앞당기는 것이라는 성전 중심의 신학으로 이어졌다.[8] 하지만 이처럼 야훼 하나님을 자신들의 왕조를 위하여 제의 및 성소에 끌어들이는 성전 신학은 당대의 예언자들로부터 많은 비판을 받았을 뿐만 아니라, 훗날 신약 시대에서도 성전 중심의 종교 체제가 예수와 바울에게서 강하게 비판받는 이유가 되었다.[9]

다윗에게 속한 왕실 예언자들은 가나안 왕정 국가들의 왕정 신학을 기초로 하여 다윗 왕정을 신학적으로 정당화하는 작업에 착수하였다. 즉, 왕은 다른 누구보다도 높은 지위를 지녔으며, 하나님과 가장 가까운 자이고, 야훼께서 직접 왕을 낳았으며, 심지어 신으로 또는 신적인 존재로 지칭될 수 있다는 것이다. 왕실 예언자들은 왕이야말로 이스라엘의 구원을 보증할 자라고 강조했고, 하나님을 또한 다윗 왕정을 직접적으로 보증해 주는 존재로 규정하였다. 제국의 압제로부터 해방을 상징하던 야훼 하나님이 특정 왕조의 영원성을 보장하는 일개 수호신이 되어 버린 것이다.

이러한 왕정 신학에 대해 예언자들은 매우 강하게 비판하였지만, 그들은 왕실로부터 핍박을 받아 죽임을 당하거나 사람들의 눈에 띄지 않는 은신처를 찾아 도망 다녀야만 했다. 특히 포로기를 전후로 하여 왕정 신학에 대해 비판적인 예언서들이 많이 나왔다. 호세아는 "우리가 야훼를 두려워할 줄 모르고 살다가 왕도 못 모시게

---

8 이와 관련하여 복음서에서의 성전정화 사건이나 성전이 무너질 것에 대한 예수의 예언은 사독계에 의해 주도된 성전 중심의 종교에 대한 반감이라는 맥락에서 해석될 수 있을 것이다. 성전 중심의 신학과 종교의 역사에 관해서는 김은규, 『구약 속의 종교권력』, 동연, 2013, 7장 참조.

9 바울도 이러한 성전 중심의 신학에 대해 의문을 제기한 바 있다. "우주와 그 안에 있는 모든 것을 창조하신 하나님께서는 하늘과 땅의 주님이시므로, 사람의 손으로 지은 신전에 거하지 않으십니다."(『사도행전』, 17장 24절)

되었지만, 왕이 있다 한들 무엇에다가 쓰랴?"라고 하면서 아예 왕정 제도를 의문시하기도 하였다(「호세아서」, 10장 3절). 그 밖에 다른 예언서들도 다윗 왕조가 패망한 원인이 이스라엘이 야훼의 뜻을 지키지 않으면서 다윗 왕조의 영원성이 보장되었다 여긴 것에 있다고 질타하였다.

이스라엘이 남북조로 분열된 이후로 예언자들은 왕실과 제사장들의 부패와 타락을 일소하고 야훼 신앙의 회복을 강조하면서 이방 종교인 바알 신앙의 타파를 요구하기 시작했다. 이때부터 야훼를 바알과 같은 폭풍신으로 묘사했던 언급들이 눈에 띄게 줄어들게 된다. "야훼는 폭풍 속에도 있지 않으며, 지진 속에 있지 않고, 불 속에도 계시지 않는다."(「열왕기상」, 19장 11-12절) 이스라엘은 초기에 대단히 창조적인 열정으로 가나안의 신화와 종교를 야훼 신앙에 맞도록 변형시켜 수용하지만, 기원전 10세기에 이르러 엘리야를 주축으로 바알 숭배에 대한 전면전을 벌이게 되었다. 이는 이스라엘에서 야훼 신앙이 약화되고 바알 신앙이 융성해지면서 예언자들이 느낀 커다란 위기의식에 기인한 것이다. 자신들의 하나님 야훼가 바알에 압도되어 가나안 만신전 가운데 하나의 신으로 격하되는 것을 더 이상 받아들일 수 없었던 것이다.[10]

---

10   Cross, *Canaanite Myth and Hebrew Epic*, pp. 190-194.

4. 이스라엘 왕국의 분열과 패망

다윗에 이어 왕권을 계승한 솔로몬은 기존의 지파 동맹의 전통들과 단절하고 자신의 왕국을 국제적으로 확장하고자 시도한다. 모세계 제사장 아비아달을 쫓아내고 아론계 제사장 사독만을 남겨 둔 것도 과거와 단절하고자 하는 의도에서 나온 것이다. 솔로몬 통치기에는 왕권을 제약하던 예언자들이 사라졌는데, 역사에 예언자들이 다시 등장하는 건 8세기에 이르러서다. 또한 가나안 종교와 제도를 도입하여 자신의 왕권이 범우주적인 질서와 동일한 것임을 보이고자 했는데, 이는 주변 국가와의 동맹을 통해 변방의 약소국에서 오리엔트 문명 세계의 일원으로 자신의 왕국을 끌어올리려는 시도였다.[11]

다윗과 달리 솔로몬은 북부 10지파들의 지지를 받지 못했다. 다윗의 잇따른 실책만이 아니라, 왕실 예언자들과 제사장들이 모든 권력을 독점함에 대한 북부 지파들의 반감이 컸던 것이다. 솔로몬은 노골적으로 친親유다 정책을 취함으로써 솔로몬의 사후에 이스라엘이 분열되는 결정적인 원인을 제공하였다. 특히 대규모 왕궁과 성전 건축 사업을 시행하면서 무거운 세금과 중노동을 부과했는데, 이를 유다 지파가 속한 남부 지파를 제외하고 북부 지파들에게만 부과했던 것이다.

솔로몬이 죽자 북부 지역의 10개 지파는 왕위를 이은 르호보

---

11 Cross, *Canaanite Myth and Hebrew Epic*, pp. 237-241.

암에게 선왕이 지운 멍에를 가볍게 해 달라고 요구하였다. 하지만 르호보암은 이전보다 더 무거운 멍에를 씌우겠다며 이를 거절하였다. "내 아버지가 너희에게 무거운 멍에를 메웠다. 그러나 나는 이제 그것보다 더 무거운 멍에를 너희에게 메우겠다. 내 아버지는 너희를 가죽 채찍으로 매질하였지만, 나는 너희를 쇠 채찍으로 치겠다."(「열왕기상」, 12장 14절) 이에 여로보암('민중이 위대해지기를 바란다'는 뜻)은 북부 10지파를 이끌고 독립하여 북이스라엘 왕국을 건국하게 된다. 이로써 이스라엘은 유다 지파와 베냐민 지파를 중심으로 하는 남유다 왕국과 북부 10지파가 설립한 북이스라엘 왕국으로 나뉘었다.

북부 지파 동맹 지역에서의 이러한 반발은 다윗-솔로몬 왕조의 왕정 신학에 대한 거부의 의미가 포함되어 있었다. 예루살렘의 왕실 신학자들이 야훼 하나님을 국가 권력, 국가 성소와 동일시하면서 자신들을 정당화하는 수단으로 전락시킨 데에 대한 반발이던 것이다. 분열 당시 북부 지파들은 다윗 왕조를 더 이상 인정할 수 없음을 공표하였다. "온 이스라엘이 […] 왕에게 이르되, '우리가 다윗과 무슨 관계가 있느냐. 이새의 아들에게서 받을 유산이 없도다. 이스라엘아. 너희의 장막으로 돌아가라. 다윗이여. 이제 너는 네 집이나 돌아보라' 하고 이스라엘이 그 장막으로 돌아가니라."(「열왕기상」, 12장 16절) 솔로몬의 강제 노역이 이집트에서의 강제 노역의 이미지와 겹치면서 북부의 반역 운동을 촉발시키는 직접적인 요인이 되었다. 출애굽 해방의 이미지를 지닌 야훼 하나님을 다윗 왕조에게서는 찾을 수 없다고 본 것이다.

한편, 여로보암이 솔로몬의 학정에 반발하여 북이스라엘 왕국을 세우는데, 그가 '금송아지'를 만들어 이를 숭배한 사건은 열왕기 저자들에 의해 두고두고 비판을 받는다. 이는 아직 야훼 종교가 세워지지 못한 상태에서 바알 종교가 광범위하게 혼재되어 있었음을 보여 준다. 북이스라엘은 기원전 722년 앗시리아에 의해 멸망하였는데, 이때부터 북이스라엘 지역에 여러 민족이 이주하게 되고 이들과 한데 섞여 살면서 북이스라엘(신약의 사마리아 지역)은 그야말로 다종교 사회로 변모한다. 이는 포로기 이후에 본토로 귀환한 유다 사람들에 의해 차별받는 이유가 되었다.

남유다 왕국 역시 솔로몬 이래로 많은 종교가 들어와 있었다. 바알 종교를 비롯한 가나안 종교의 강세로 인해 북이스라엘 못지않게 야훼 신앙이 흔들리고 있었으며 심지어 아하스 왕 때에는 예루살렘 성전 폐쇄 조치를 취하기까지 했다. 요시야 왕이 전면적으로 가나안 종교를 몰아내는 정책을 시행하면서 율법서를 발견하게 되고, 유월절을 비롯한 각종 율법 제도를 복구하게 되었다. 이를 통해 예루살렘을 중심으로 하는 중앙제의 체제를 확립하고 왕정 신학과 야훼 신앙을 결합시키고자 한 것이다. 남유다 왕국은 기원전 586년 바빌론 제국에 의해 패망하고, 지배층 대부분이 바빌론 포로로 끌려오게 된다. 하지만 이들은 북이스라엘 사람들보다 상대적으로 더 많은 독립성을 보장받을 수 있었는데, 특히 안식일 준수와 할례를 강조함으로써 자신들의 정체성을 유지하고자 했다.

5. 왕정 신학의 실패에 대한 반성

이스라엘 남북조 왕국의 패망은 이스라엘 사람들에게 커다란 충격을 주었다. 특히 왕정 신학을 통해 주어졌던 하나님의 약속, 즉 다윗 왕조가 영원하리라던 약속과 달리 멸망하고 말았던 것이다. 어떻게 하나님에 의해 세워진 왕국이 패망할 수 있단 말인가? 영원히 존속하리라던 야훼의 약속은 어떻게 된 것인가? 이에 포로기를 전후로 하여 광범위한 신학적 반성이 일어난다. 왕정 신학이 지닌 문제점에 대해 철저하게 비판하면서, 옛 출애굽 전승이 지닌 해방적 전통을 다시금 회복하려는 시도들도 차츰 일어난다. 반대로, 왕정 신학의 복원을 통해서 배타적 유대 민족주의를 강화하려는 시도 또한 등장하게 되었다.

왕정 수립부터 남북조 이스라엘의 패망에 이르는 500여 년의 과정은 왕정에 대한 기대로부터 절망까지 두 극단을 모두 경험한 시기였다. 왕정을 정당화하면서 다윗 왕조에게 영원성까지 부여했던 왕정 신학에 대한 반성과 비판은 모든 종류의 권력과 권위에 대하여 보다 급진적인 신학적 사고를 하도록 이끌었다. 국가도 왕도 결국 인간의 손에 의해 만들어진 것에 불과하지 않은가? 지상에 존재하는 것 가운데 야훼에 비견될 만큼 절대적이고 영원한 것이란 과연 존재하는가? 과부와 고아, 나그네를 보살피라는 야훼의 뜻은 실천하지 않으면서 제사와 희생 제물을 드리는 것이 대체 무슨 소용이 있는가? 이스라엘의 패망은 결국 스스로 자초한 일이 아닌가?

이로써 성서의 정치신학은 단순한 반反왕정의 차원을 넘어서서 더 심도 깊은 물음으로 나아가게 된다. 인간의 손으로 만든 것에 대해 야훼의 이름을 빌려 신성한 권위를 부여하며 자신들을 절대적인 지위에 올려놓는 시도는 이제 중단되어야 하지 않겠는가? 이스라엘 사람만이 유일한 하나님의 백성이라는 선민의식도 이스라엘의 패망 앞에서 무색해지지 않았는가? 야훼는 이스라엘만이 아니라 모든 민족들을 위한 분이며, 심지어 이스라엘을 침략하여 멸망시킨 앗시리아까지도 아끼시는 분이 아닌가(「요나서」)? 포로기를 전후로 예언자들은 이러한 문제의식 속에서 바빌론의 포로로 끌려가고 디아스포라에 흩어져 떠도는 이스라엘 사람들에게 새로운 물음을 던졌다.

물론 국가나 왕, 민족, 혹은 성전에 신성한 의미를 부여하려는 시도가 역사 속에서 쉽게 사라지지는 않을 것이다. 포로 생활에서 예루살렘으로 귀환한 사람들은 순수 혈통을 선별하여 자신들만이 야훼의 약속을 이어받을 참된 이스라엘 민족이라고 자처했으며, 무너진 성전을 다시 건립하여 율법과 제의 준수를 중심으로 삼는 성전 신학과 종교를 재확립하였다. 왕정 신학은 다윗 왕조의 옛 영광을 되찾을 날을 꿈꾸며 이를 성취시킬 존재로서의 메시아를 고대하는 메시아 대망 사상으로 이어지게 되었다. 하지만 예언자들은 도래할 메시아가 그들의 기대와는 전혀 다를 것이라고 반박하였다. 오히려 낮고 가난한 자를 위해 찾아올 것이며, 사람들로부터 환영을 받기는커녕 멸시와 고난 속에서 결국 죽임을 당하리라는 것이다. 이로부터 메시아에 대한 전망은 각기 상이한 이미지로 발전하였다.

4장
'디아스포라' 시대의 메시아주의

1. 디아스포라의 시대가 시작되다

이스라엘 남북조 왕국의 패망은 이스라엘 민족에게 디아스포라의
시대가 시작됨을 의미한다. 유대 본토에 남겨진 대다수 하층민들과
달리, 남유다 왕국의 상류층 및 엘리트 계층들은 바빌론의 포로로
끌려가게 되었다. 본토에 남겨진 하층민들은 주변 소규모 민족들의
침투에 무방비로 놓여 있었으며, 지방 행정관리들에게 각종 세금을
납부해야 하는 등 더욱 곤궁한 상황에 처했다. 반면, 바빌론으로 끌
려간 포로민들은 제한된 범위에서나마 어느 정도는 자치적인 공동
체를 구성할 수 있었고, 이를 통해 자신들의 민족적·종교적인 정체
성을 유지할 수 있었다.

　이스라엘 왕정 신학의 승리적 전망과는 달리, 북이스라엘 왕
국이 패망하고(B.C. 722) 얼마 있지 않아 남유다 왕국까지 무너지
자(B.C. 586) 이스라엘 사람들은 엄청난 충격과 당혹감에 휩싸이게
된다. 무조건적인 구원과 번영을 약속받았던 다윗 왕조는 예루살

렘 성전의 파괴와 함께 모두 무너져 버리고 말았다. 어떻게 야훼 하나님이 세운 나라가 패망할 수 있단 말인가? 이에 대해 왕정 신학은 아무런 답변을 줄 수 없었다. "우리의 힘, 곧 야훼께서 기름 부어 세우신 이가 그들의 함정에 빠졌다. 그는 바로, '뭇 민족 가운데서, 우리가 그의 보호를 받으며 살 것이다' 하고 우리가 말한 사람이 아니던가!"(「예레미야 애가」, 4장 20절) "주님은, 주께서 기름을 부어서 세우신 왕에게 노하셨습니다. 물리치시고 내버리셨습니다. 주의 종과 맺으신 언약을 폐기하시고, 그의 왕관을 욕되게 해서 땅에 내던지셨습니다."(「시편」, 89장 38-39절)

과연 하나님은 이스라엘을 버리신 것인가? 우리는 성서에서 당시의 예언이 점차 절망과 자조, 울분과 격정으로 바뀌는 것을 보게 된다. 심지어 하나님에 대한 항변까지 등장한다. "주님, 언제까지 그러실 겁니까? 어찌하여 나로 불의를 보게 하십니까? 어찌하여 악을 그대로 보기만 하십니까?"(「하박국서」, 1장 2-3절) 이스라엘의 패망은 새로운 신학적인 물음을 던져 주었고, 이는 메시아에 대한 기대로 이어지게 되었다.

2. 이스라엘 패망에 대한 평가와 메시아 사상

이스라엘의 패망 이전부터 아모스, 호세아, 이사야, 미가 등의 예언자들은 남북조 이스라엘 왕국 왕들의 우상 숭배와 폭정으로 인해 결국 하나님의 심판을 피할 수 없게 될 것이라고 경고한 바 있었다.

특히 그들은 왕정의 부패, 약자에 대한 수탈 등 야훼 종교가 지닌 평등주의적 이상을 깨뜨린 점을 강력하게 비판하였다. 이스라엘의 패망은 그들 스스로 자초한 일에 불과하다는 것이다. 이사야에 따르면 야훼 하나님은 자신을 다윗 왕조에 묶어 두는 것을 허락하지 않으신다. 자신들의 권력을 지키기 위해 정치제도와 군사력 동원을 포기할 때에만 야훼의 구원이 주어질 것이다(「이사야서」, 28장 12, 16절 이하). 예레미야와 소규모 개혁집단에게도 이스라엘의 패망은 당연한 결과로 보였다. 부패한 권력과 우상 숭배에 대한 야훼의 공의로운 심판이었다는 것이다.

일부 개혁을 시도한 왕들도 있었다. 남유다 왕국의 히스기야 왕은 이스라엘이 멸망하는 원인을 배교背敎와 우상 숭배, 사회적 불의, 윤리적 타락에서 찾으면서, 야훼에게로 돌아와 회개하고 말씀을 준수한다면 다시금 이스라엘이 회복되리라고 하였다. 이를 위해 가난한 사람들의 채무를 탕감하거나 7년(안식년)마다 논밭에서 저절로 자란 과일과 곡식을 가난한 자들이 마음껏 가져가도록 허용하는 등 안식년 제도에 복지를 포함시키는 정책을 대폭 강화하였다. 요시야 왕도 이른바 신명기 개혁운동을 단행한다. 그는 당시 새롭게 발견된 율법책을 통해서 제의와 법률들을 일제히 정비하고, 유일신 신앙을 전면에 내세웠다. 특히 다윗 왕조로의 복귀를 염원하며 자신들을 침략한 앗시리아의 종교와 문화뿐만 아니라, 가나안 종교까지도 모두 이스라엘로부터 완전히 축출하고자 시도하였다. 또한 각종 조세나 노역, 병역의 의무 등을 경감하고, 고리대금을 금지시킴으로써 가난한 하층민들을 보호하고자 하였다. 이는 민족주의적 색채가 매우 짙은 보수적인 운동이면서 야훼 종교가 지닌 사회적 측면을 동시에 포괄하고자 하였던 개혁적 운동이기도 했다.

이런 움직임으로부터 이스라엘에는 점차 도래할 메시아에 대한 기대가 나타났다. 다윗 왕조가 영원하리라는 왕정 신학의 이데올로기가 비판을 받으면서 현재의 왕들이 아닌 미래의 왕(메시아)에게 희망을 두고자 하는 경향이 나타난 것이다. 즉, 야훼 하나님께서 이스라엘의 모든 원수들을 진멸하고 다윗 왕조를 다시금 회복시켜 주리라는 것이다. 이방 민족들은 하나님의 심판으로 완전히 소멸될 것이며, 이스라엘은 세계 최고의 강대국이 되어 온 세상을 통치하게 될 것이라고 주장했다. 야훼가 원하는 것은 이스라엘의 모든 원수들의 몰락과 다윗 왕조의 화려한 재건이다. "모든 민족을 심판할 야훼의 날이 다가온다. 네가 한 대로 당할 것이다. 네가 준 것을 도로 받을 것이다."(『오바댜서』, 1장 15절) 하나님은 이스라엘의 원수를 진멸하는 분이며, 따라서 니느웨는 마침내 피의 도성이 될 것이다(『나훔서』, 1장 2절). 여기에는 주변 이방 민족들에 대한 매우 배타적이고 적대적인 태도가 함께 담겨 있음을 볼 수 있다.

하지만 제2이사야 저자(『이사야서』, 40-55장)는 이와 달리 이방 민족에 대한 배타적 민족주의를 배격했을 뿐만 아니라 이스라엘에 의한 세계 통치를 추구하는 경향에 대해서도 강력하게 비판하였다. 제2이사야가 보기에, 이스라엘의 세계 통치라는 발상은 고대 근동과 이스라엘의 제왕 이데올로기의 맥락과 맞닿아 있었다. 다윗 왕조의 왕정 신학을 비판해 왔던 제2이사야의 입장에서는 이런 제국주의적 태도를 용인할 수 없었던 것이다. 따라서 야훼의 통치와 인간 군주의 통치를 동일시하려는 시도 일체를 거부하는 태도를 견지하였다. 오히려 야훼의 세계 통치는 인간의 손으로 만들어 낸 전체주의적 세계 권력의 붕괴에 관련될 것이며, 무력으로 이방 민족을 굴복시키는 방식이 아니라 야훼의 공의가 세워지는 방식으로 실현될 것이다. 여기서 이스라엘의 역할은 세계 통치가 아니라 야훼를 증거하는 도덕적이고 종교적인 전달자에 머물 따름이다. 그것은 정치권력에 의해서가 아니라 오직 야훼의 메시지를 듣는 자들의 자발적인 동의와 확신에 의해서만 실현될 수 있다는 것이다.[1]

마찬가지로, 예레미야 역시 다윗 왕조의 재건을 단호하게 반대하였다. 그에 따르면, 남유다 왕국의 패망 원인은 왕과 왕실 예언자들에게 있었다. 야훼께서 그들에게 끊임없이 경고하고 회개할 것을 촉구했으며 이를 위해 야훼의 종인 예언자들까지 보냈으나 끝내 받아들이지 않았다는 것이다.[2] 결국 출애굽 당시 이스라엘과 맺은 계약마저도 파기되고 말았다. 그는 여전히 옛 다윗 왕조의 영광을 그리워하며 예루살렘 성전에 매달리는 사람들을 향해 야훼의 경고를 전하였다. "너희는 이처럼 내가 미워하는 일만 저지르고서도, 내 이름으로 불리는 이 성전으로 들어와서, 내 앞에 서서 '우리는 안전하다'고 말한다. [⋯] 내 이름으로 불리는 이 성전이 너희의 눈에는 도둑들이 숨는 곳으로 보이느냐? 여기에서 벌어진 온갖 악을 나도 똑

---

1 라이너 알베르츠, 『이스라엘 종교사 2』, 강성열 옮김, CH북스, 2003, 115-116쪽.
2 라이너 알베르츠, 『포로시대의 이스라엘』, 배희숙 옮김, CH북스, 2006, 426-429쪽.

똑히 다 보았다."(「예레미야서」, 7장 10-11절)

예언자들은 남북조 이스라엘의 패망을 보면서 이를 야훼 신앙으로부터 벗어난 이스라엘 민족의 죄과에 대한 하나님의 공의로운 심판이라는 점을 강조했다. 그들은 자신들의 죄과는 생각하지 않고 금방 다윗 왕조가 재건되리라는 이스라엘의 통속적인 민족주의적 태도를 깨뜨리고자 했다. 아모스와 미가 등의 예언자들은 '야훼의 날'이야말로 거꾸로 이스라엘이 망하는 날이 되리라 예언하였고, 이스라엘의 체제옹호적이고 율법주의적 태도를 강력하게 비판하면서 보다 급진적인 윤리 강령을 제시하였다. 야훼 하나님께서 원하는 것은 단순히 이스라엘의 재건이나 율법으로의 복귀가 아니며, 오히려 공의와 사랑의 실천에 있다는 것이다.

"내가 주님 앞에 나아갈 때에, 높으신 하나님께 예배드릴 때에, 무엇을 가지고 가야 합니까? 번제물로 바칠 일 년 된 송아지를 가지고 가면 됩니까? 수천 마리의 양이나, 수만의 강 줄기를 채울 올리브 기름을 드리면, 주께서 기뻐하시겠습니까? 내 허물을 벗겨 주시기를 빌면서, 내 맏아들이라도 주님께 바쳐야 합니까? 내가 지은 죄를 용서하여 주시기를 빌면서, 이 몸의 열매를 주님께 바쳐야 합니까? 너 사람아, 무엇이 선한 일인지를 주께서 이미 말씀하셨다. 주께서 너에게 요구하시는 것이 무엇인지도 이미 말씀하셨다. 오로지 공의를 실천하며 인자(仁慈)를 사랑하며 겸손히 네 하나님과 함께 행하는 것이 아니냐!"(「미가서」, 6장 6-8절)

미가는 배타적인 유대 민족주의자들처럼 이방 민족의 소멸과 이스라엘만의 배타적 우월성을 주장하지 않았다. 앞으로는 종교의 이름으로 더 이상 서로를 해하는 일도 없어질 것이다. 각 민족들은 저마다 자신들의 신을 섬기며 살아가게 될 것이다. "어느 민족이나 각기 저희 신의 이름을 부르며 살아가지 않느냐. 우리도 자손만대에 우리 하나님의 이름 야훼를 부르며 살아가자."(「미가서」, 4장 5절) 또한 그는 민족들 간의 증오와 적대, 전쟁과 학살이 모두 사라진 미래를 제시한다. 앞으로는 칼과 창을 녹여서 농기구를 만들고 더 이상 민족과 민족이 싸우지 않는 세상이 올 것이다. 그것은 야훼에 의해 이루어질 영원한 나라, 평화의 나라이다. "야훼께서 민족들 사이의 분쟁을 판결하시고, 원근 각처에 있는 열강 사이의 갈등을 해결하실 것이니, 나라마다 칼을 쳐서 보습을 만들고 창을 쳐서 낫을 만들 것이며, 나라와 나라가 칼을 들고 서로를 치지 않을 것이며, 다시는 군사 훈련도 하지 않을 것이다. 사람마다 자기 포도나무와 무화과나무 아래 앉아서, 평화롭게 살 것이다."(4장 3-4절)

야훼가 이룩할 '영원한 나라'는 이스라엘 사람들이 생각하듯 그들만의 전유물이 될 수 없다. 놀랍게도 미가는 여기서 율법에 의해 배제된 자들, 즉 절름발이, 비틀거리는 자들, 사회적으로 배제되고 질시받던 약자들이야말로 영원한 평화의 나라를 이룩할 자들이라고 말한다. 또한, '영원한 나라'는 민족 간 전쟁과 약탈에 의해 이스라엘 땅으로부터 추방당한 디아스포라의 이주민들이 모두 되돌아와 이뤄지게 된다. "나 야훼가 선언한다. 그날이 오면 비틀거리며 사는 백성을 내가 다시 불러오고, 사로잡혀 가서 고생하던 나의 백성을 다시 불러 모으겠다. 그들이 이역만리 타향에서 비틀거리며 살고 있으나, 거기에서 살아남은 백성이 강한 민족이 될 것이다."(「미가서」, 4장 6-7절)

제2이사야 저자는 야훼가 이방 민족들로 하여금 이스라엘에게 복종하도록 만들지 않을 것이라고 예언하였다. 오히려 이방 민족들이야말로 세계에 대한 야훼의 섭리를 실현하는 구원의 중재자가 되리라는 것이다. 따라서 이방 민족은 이스라엘의 대적이 아니라 반대로 구원과 해방을 가져다주는 야훼의 손길이 될 것이다. 페르시아의 고레스 왕을 야훼의 종이라고 칭했던 것도 그러한 이유에서였다. 미래에는 그를 통해서 더 이상 군사적인 힘으로 다스리지 않고 하나님의 법을 통해서 약자를 돕는 통치가 이루어질 것이다.[3] "나의 종을 보아라. 그는 내가 붙들어 주는 사람이다. 내가 택한 사람, 내가 마음으로 기뻐하는 사람이다. 내가 그에게 나의 영을 주었으니, 그가 뭇 민족에게 공의를 베풀 것이다. [⋯] 그는 상한 갈대를 꺾지 않으며, 꺼져 가는 등불을 끄지 않으며, [⋯] 끝내 세상에 공의를 세울 것이다."(「이사야서」, 42장 1-4절)

포로기가 거의 끝나갈 무렵에 제2이사야는 다윗 왕조를 재건할 위대한 왕이 아니라 야훼의 종, 즉 가난한 자에게 기쁜 소식을 전하는 인내와 겸손의 예언자를 소개하였다(50장 6절, 53장 7절). 그는 하나님의 공의를 전하기에 세상으로부터 온갖 멸시와 핍박을

---

3 알베르츠, 『포로시대의 이스라엘』, 586쪽.

받지 않을 수 없다(53장 4-10절). 야훼 하나님께서는 미약한 자들을 통해서 구원을 이루신다. 고난의 종은 자신의 생명을 바침으로써 많은 사람들을 살리는 진정한 야훼의 종이라는 것이다. "그는 죽는 데까지 자기의 영혼을 서슴없이 내맡기고, 남들이 죄인처럼 여기는 것도 마다하지 않았다. 그는 많은 사람의 죄를 대신 짊어졌고, 죄지은 사람들을 살리려고 중재에 나선 것이다."(53장 12절) 이러한 고난의 종은 훗날 신약성서의 저자들에게 예수를 지칭하는 것으로 받아들여지게 되었다.

3. 포로기 이후의 메시아주의

페르시아가 바빌론을 정복하면서 이스라엘의 포로민들은 페르시아의 지배하에 놓였다. 고레스 왕의 칙령에 따라 포로민들은 70년간의 포로 생활을 마치고 본토로 귀환하게 되었다. 페르시아 당국은 직접 통치하기보다 유대 출신 총독과 대제사장(사독계)을 지명하여 그들로 하여금 대신 다스리게 하였는데, 이를 통해 페르시아에 충성하는 친정 체제를 강화하고자 했던 것이다. 또한 성전을 재건할 수 있도록 허락하면서 페르시아 왕실과 제국의 번영을 위한 제의를 드리도록 요구하였다. 성전 재건을 위해 유대 지도층들은 불가피하게 페르시아와 타협할 수밖에 없었다. 성전 재건은 페르시아의 순화 정책의 일환으로 추진된 것이었다.

또한 이스라엘 사람들에게도 성전 재건은 이스라엘의 회복에 대한 기대와 맞물려 많은 대중적 호응을 얻고 있었다. 성전이 다시 건립되면 그와 동시에 이스라엘의 독립도 이루어지리라고 기대했던 것이다. 하지만 제3이사야(「이사야서」, 56-66장)는 성전을 다시 건립하려는 시도에 대하여 비판적이었다. "하늘은 나의 보좌요, 땅은 나의 발 받침대. 그러니 너희가 어떻게 내가 살 집을 짓겠으며, 어느 곳에다가 나를 쉬게 하겠느냐?"(66장 1절) 이스라엘의 회복이 이루어지지 못하는 이유는 성전이 없어서가 아니라 이스라엘의 지도자들이 타락했기 때문이라는 것이다. "백성을 지키는 파수꾼이라는 것들은 눈이 멀어서 살피지도 못한다. 지도자가 되어 망을 보라고 하였더니, 벙어리 개가 되어서 야수가 와도 짖지도 못한다. [⋯] 백성을 지키는 지도자가 되어서도 분별력이 없다. 모두들 저 좋을 대로만 하고 저마다 제 배만 채운다."(56장 10-11절)

성전은 다시 건립되었지만 그럼에도 이스라엘의 회복은 여전히 요원한 것처럼 보였다. 그럴수록 귀환자들의 신학은 점점 더 배타적이고 유대 민족주의적인 경향을 띠었다. 유대 총독 느헤미야와 대제사장 에스라의 주도하에 예루살렘 성벽을 보수하는 작업을 시행하게 되었는데, 여기에는 본토 잔류민들의 반反페르시아 운동을 막기 위한 페르시아 당국의 의도가 포함되어 있었다. 귀환자들은 자신들만이 진정한 이스라엘 사람이며, 다른 지역에 거주하거나 본토에 남아 있던 잔류민들은 이방 민족과 통혼한 부정한 자로 취급하였다. 따라서 잔류민들이 성벽 보수 사업에 참여하는 것을 거부하기까지 했다. 율법의 회복을 위해 자신들과 이방인들이 철저하게 구분되어야 한다고 여긴 것이다. 이 시기 지도층들의 신학을 특징

짓는 것은 율법 준수의 강조와 배타적인 유대 민족주의였다.

에스라는 요시야 왕 시절에 발견된 모세의 율법을 기초로 하여 오경의 정경화 작업을 수행하였다. 이는 유대 지역에서 디아스포라까지 포함한 모든 유대 공동체가 지켜야 할 표준적인 규범을 세우고자 함이었다. 이스라엘 역사와 율법을 문서로 정리하여 공식적인 야훼 종교의 중심에 놓음으로써 유대 공동체의 정체성을 확립하려한 것이다. 이러한 정경화 작업은 페르시아의 지원 아래에서 이루어졌는데, 이는 유대 사회에 통일된 규범을 제공함으로써 유대 내부의 논쟁을 잠재우고 반反페르시아적 저항의 영향력을 차단하려는 포석이기도 했다.[4] 또한, 말라기는 이스라엘의 회복이 지체되는 이유가 율법을 제대로 준수하지 못했기 때문이라며, 십일조와 안식일을 준수하고 성전 제의를 성실히 이행하라고 촉구했다. 학개는 이스라엘의 회복, 즉 정치적으로 독립된 국가를 이루도록 새로운 왕(메시아)이 도래하리라고 예언하면서 다윗 가문의 유대 총독 스룹바벨을 메시아라고 칭했다. 이스라엘인들에게 성전 재건을 독려하는 동시에 스룹바벨을 통해 옛 왕정 신학을 되살리고자 했던 것이다. 당시 예언자들이 이해한 메시아는 이처럼 민족적이고 정치적인 의미에 초점이 맞추어져 있었다.

이와 달리, 스룹바벨 총독 이후에는 메시아에 의해 실현되는 미래, 새로운 이스라엘에 대한 희망의 예언들이 등장하기 시작했

---

4 알베르츠, 『이스라엘 종교사 2』, 193쪽.

다. 제3이사야는 새롭게 출발하는 이스라엘 민족의 이상을 보여 주고자 했다. 그가 보여 주는 이상에서 야훼는 온 우주의 창조주로서, 이스라엘만이 아니라 다른 모든 이방 민족들도 하나님의 백성이 될 것이다. "이방 사람이라도 야훼께로 온 사람은 '야훼께서 나를 당신의 백성과는 차별하신다' 하고 말하지 못하게 하여라. […] 그들의 이름이 나의 성전과 나의 백성 사이에서 영원히 기억되도록 하겠다."(「이사야서」, 56장 3-5절) 고아와 과부, 장애인 등 사회적인 약자, 그리고 이방인들이 서로 평화롭게 공존하고 인간과 자연이 서로 해치지 않으며 살아가게 될, 이곳은 전쟁과 죽음, 억압이나 착취가 모두 사라진 정의와 평화의 나라다. 제3이사야는 새로운 구원의 빛이 이방 민족으로까지 퍼져 감으로써, 자신들을 멸망시킨 이방 국가들까지도 모두 신의 은총을 입게 된다는 평화의 메시지를 선포하였다.

스가랴는 왕정 신학이 제시하던 국가 권력의 통치자와 전혀 다른 메시아의 면모를 제시한다. 도래할 메시아가 통치하는 나라는 지상의 강대국과는 질적으로 전혀 다르다. 그는 군사력으로 통치하는 것이 아니라 야훼의 말씀으로 통치한다. 메시아는 전쟁용 군마가 아니라 평화를 상징하는 자그마한 나귀를 타고 올 것이다. 그는 온 세상에 전쟁이 모두 사라진 세계를 선포하며 유토피아적 이상을 실현시킬 것이다. "도성 시온아, 크게 기뻐하여라. 도성 예루살렘아, 환성을 올려라. 네 왕이 네게로 오신다. 그는 공의로우신 왕, 구원을 베푸시는 왕이시다. 그는 온순하셔서, 나귀 곧 나귀 새끼인 어린 나귀를 타고 오신다. 내가 에브라임에서 병거를 없애고, 예루살렘에서 군마를 없애며, 전쟁할 때에 쓰는 활도 꺾으려 한다. 그 왕은 이방*민족들에게 평화를 선포할 것이며, 그의 다스림이 이 바다에서 저 바다까지, 유프라테스 강에서 땅 끝까지 이를 것이다."(「스가랴서」, 9장 9-10절)

그뿐만 아니라 이방 민족들도 이스라엘과 마찬가지로 하나님께서 아끼시는 백성이자 구원의 대상이라는 예언이 등장하는데, 그 대표적인 예언서가 바로 「요나서」다. 「요나서」 저자는 유머러스한 풍자를 통해 이방 민족에 대한 이스라엘의 배타적인 태도를 예리하게 비판하였다. 야훼는 이스라엘을 패망시킨 이방 민족(앗시리아)까지도 사랑하는 분이시며, 오직 이스라엘 사람들만 구원을 받을 수 있다는 그들의 생각은 틀렸다는 것이다. 따라서 이스라엘의 배타적인 유대 민족주의와 선민사상이 야훼의 뜻과는 전혀 무관하다는 것을 분명하게 밝히고 있다.

4. 예수 시대의 메시아주의

메시아를 기다리는 사람들

신약 시대로 가기 직전 아주 짧은 기간 동안 이스라엘이 독립한 시기가 있었다. 마카베오 전쟁의 승리 후 유대에 하스모니아 왕조가 세워진 것이다. 페르시아가 알렉산드로스의 원정으로 패망하면서 팔레스타인 지역은 본격적으로 헬레니즘 문화권 안으로 들어오게 되었는데, 이후 이집트 프톨레마이오스 왕조의 지배를 받으면서 대제사장을 통한 유대 종교의 자율성을 어느 정도 보장받을 수 있었다. 하지만 그리스 셀레우코스 왕조가 들어서면서부터 안식일 준수와 할례를 금지하는 등 유대 종교와 문화를 억압하고 그리스 문화를 강제로 이식하는 정책을 펼쳤다. 이에 유대 사람들은 강하게 저항하였고 마타디아가 선봉에 서서 반란군을 조직하면서 마카베오 전쟁으로 비화하기에 이른다(기원전 167년). 그리고 25년에 걸친 전쟁 끝에 승리를 거둠으로써 이스라엘 패망 이후 처음으로 독립된 유대 왕국을 세우는 성과를 올렸다. 이렇게 하여 하스모니아 왕조가 성립되었지만, 왕들은 스스로 대제사장직까지 겸하면서 종교 권력과 정치권력을 독점함으로써 유대 사람들로부터 크나큰 반발을 불러일으켰다. 왜냐하면, 이는 왕과 대제사장의 직무를 철저히 분리해 왔던 유대 종교의 전통을 거스르는 것이었기 때문이다. 이로 인해 유대 사회 내에 사두개파, 바리새파, 에세네파 등 다양한 분파들이 생겨나게 되었다. 하스모니아 왕조의 내분과 로마 제국의 팔레스타인 점령으로 79년에 걸친 유대의 독립 왕조는 막을 내리기에 이른다.

수차례에 걸친 독립 투쟁이 실패로 돌아간 이후에도 유대 사람들은 이스라엘 독립에 대한 기대를 결코 포기한 적이 없었다. 이스라엘의 회복을 기다리며 하나님의 율법과 규례를 따르는 것, 그리고 구약의 예언대로 언젠가 이스라엘을 재건할 메시아가 오시리라는 것. 이러한 기대와 믿음이 민족주의적 열망과 결합함으로써 유대 공동체가 유지되었다고 할 수 있다.

메시아에 대한 기대는 유대 사회의 상류층보다는 일반 대중들에게서 더 강하게 나타났다. 상류층은 메시아의 도래가 지연됨에 따라 그것이 실현되리라는 것에 점차 유보적인 태도를 보였지만, 일반 대중들은 메시아의 도래가 곧 임박한 것으로 간주하였다. 헤롯 왕 사후에 팔레스타인 지역에서 혁명 운동의 지도자들이 스스로를 '왕'으로 칭하면서 메시아를 자처하는 일이 빈번하게 일어났던 것도 이 때문이었다. 헤롯 왕과 로마의 통치를 대체할 왕, 즉 다윗 가문의 후손이 새로운 통치자가 되어야 한다는 기대가 널리 퍼져 있는 가운데, 헤롯 왕의 종이었던 시몬이 스스로 왕관을 쓰고 다니고 군대를 이끌면서 카리스마적 지도자의 성격을 보여 주었고, 목동 출신의 아트롱게스도 자신의 동생들을 장군으로 임명하면서 스스로 왕관을 쓰고 자신을 왕으로 부르도록 하였다. 그들은 궁전이나 로마 군대를 공격 대상으로 삼았으며, 로마의 협력자들에 대해 군사적 공격을 감행하고자 하였다.[5]

왕도 예언자도 사라진 시대에 이스라엘 민족의 정체성을 지켜 나갈 수 있는 유일한 수단은 성전 제의와 율법 준수였다. 모든 유대인들은 최소한 1년에 한 번은 예루살렘의 성전에 와서 제사를 드려야 했으며, 남자 아이가 태어나면 할례를 행해야만 유대인의 일원으로 인정받을 수 있었다. 안식일에는 금식을 해야 했으며, 율법에 규정된 방식으로 조리된 음식만을 먹을 수 있었다. 율법과 제의를

---

5 볼프강 슈테게만·에케하르트 슈테게만, 『초기 그리스도교의 사회사』, 손성현·김판임 옮김, 동연, 2012[2009], 289-290쪽.

철저하게 준수하려는 노력은 유대 사회 내에서 예루살렘 성전을 중심으로 하는 종교 권력을 강화시키는 계기가 되었다. 성전 제의는 디아스포라를 포함한 유대 공동체 전체를 포괄하는 공적인 제도가 되었다. 성전 제의로부터 주어진 소득이 유대 사회의 경제에서 가장 중요한 비중을 차지할 정도로 그 규모는 커져만 갔다. 따라서 성전 제의를 주관하는 제사장들의 권한과 역할 또한 커질 수밖에 없었고, 그들이 유대 사회의 종교만이 아니라 정치, 경제, 문화 등 거의 모든 면에서 주도권을 갖는 이유가 되었다.

사실 1세기 팔레스타인의 유대 사회는 종교적 입장에 따라 여러 분파로 나뉘어 있었는데, 특히 이스라엘의 재건에 관해서는 상이한 태도를 보였다. 이스라엘의 정치적 독립을 추구하던 분파가 있는가 하면, 현실 국가보다는 영적인 회복에 의미를 두는 분파도 있었다. 이스라엘의 재건보다는 로마 제국과 우호적인 관계를 유지하면서 자신들이 누리는 기득권을 지키는 것에 더 관심을 둔 분파도 있었고, 그와 정반대로, 무장 혁명을 일으켜 즉각적으로 독립된 국가를 세우려는 분파도 있었다. 메시아에 대해서도 각기 다른 입장이었다. 대중들이 생각하는 정치적 메시아에 반대하여 영적인 메시아를 추구하는 분파가 있기도 했고, 메시아를 지상이 아닌 하늘에서 도래할 것으로 보는 분파도 있었다.

당시의 대표적 분파들로는 사두개파, 바리새파, 에세네파, 젤럿파 등이 있다. 우선, 사두개파라는 명칭은 다윗 왕이 임명한 사독 Zadok 제사장에서 유래한 것으로, 이들은 주로 제사장들과 귀족을 주축으로 이루어진 분파였다. 성전 제의를 주관하면서 정치, 경제,

종교 등 각 분야에서 실질적인 지배력을 갖고 있었으며, 이를 통해 온갖 이권을 독차지하던 집단이었다. 종교적으로는 보수적이었으나 이방 문화에 대해서는 개방적인 입장을 지니고 있었다. 특히 로마와는 우호적인 관계를 유지하고자 했는데, 왜냐하면 성전의 대제사장 임명권이 로마에 있었기 때문이다.

바리새파는 '구별된 사람들'이라는 의미로, 사두개파와 달리 영혼의 불멸과 부활을 믿고 있었다. 특히 유대 민족의 정체성을 강조하면서 종교적, 혈통적인 순수성을 지켜 내고자 하였다. 또한, 주로 활동하던 곳은 회당(시나고그)으로, 전통적인 율법을 연구하고 교육하는 일을 무엇보다도 중시하였다. 그래서 율법학자(랍비)나 서기관 등은 바리새파 출신이 다수를 차지하였다. 이들은 훗날 유대교의 명맥이 이어지도록 하는 데 결정적인 역할을 하였다.

에세네파는 바리새파와 마찬가지로 율법을 중시하였지만, 세속에서 벗어나 광야에서 살아가며 금욕적이고 폐쇄적인 삶을 추구하였다. 재산은 함께 공유하였고 엄격한 수칙에 따라 생활하였다. 특히 세례라는 정결 의식을 강조하였는데, 이를 통해 새롭게 거듭난 존재로 살아갈 것을 주장하였다. 또한, 유대 종교 지도자들에 대해 매우 비판적이었다. 세례 요한이 에세네파에 속했을 것으로 추측되고 있다.

네 번째로, 젤럿파는 성서에서 '열심당'으로 번역되는 분파로서, 이들은 급진적인 민족주의자들로 구성되어 있었고 무장 혁명을 통한 이스라엘의 독립을 시도하였다. 실제로 로마에 대항하여 무기를 들고 일어섰으나, 기원후 70년 로마에 완전히 패배하고 이로 인해 예루살렘 성전까지 파괴되기에 이른다.

예수는 메시아였나?

유대 사람들이 기다리던 전통적인 메시아 상은 이스라엘 왕국을 회복시킬 실질적인 권력을 가진 왕이었다. 하지만 예수는 이에 부합하는 메시아가 전혀 아니었다. 정치적·군사적인 세력이나 조직도 없었고, 이스라엘의 회복이 아닌 임박한 종말을 설파하는 시골 출신 떠돌이에 불과해 보였다. 제왕적 존재로서의 메시아와는 거리가 멀었던 것이다. 그럼에도 불구하고 그는 아이러니하게도 '유대인의 왕'을 참칭했다는 죄목으로, 즉 정치범으로 십자가에 처형되었다. 로마 제국의 입장에서는, 로마의 식민지 통치에 위협이 될 만한 소지가 있는 인물을 제거한 것이라 할 수 있다. 로마도 기존의 다른 제국들과 마찬가지로 식민지 지역의 지도자들과의 협력하에 통치를 하였다. 로마의 통치에 방해가 되지 않는다면, 일정한 한도 내에서 종교적 관행과 관습에 대한 자율성을 부여하였다. 하지만 로마의 통치에 방해가 되는 경우, 즉 로마에 맞서 저항하거나 세금을 내지 않으려는 시도에 대해서는 가차 없이 잔인하게 진압하였다. 예수가 유월절에 예루살렘으로 들어갈 때 많은 수의 군중들이 나와 예수를 메시아로 부르면서 환영하였다. 이것은 로마 당국이 예수를 사회질서를 어지럽히는 불온한 인물로 여기는 계기가 되었다.

하지만 예수가 십자가형을 당하게 되었던 보다 직접적인 계기는 이른바 성전 정화 사건이었다. 성전을 중심으로 하는 당시 유대 사회의 종교 체제에 대한 예수의 거부와 저항을 상징적으로 보여

준 사건으로, 이 때문에 유대 종교 지도자들은 예수를 십자가형에
처하도록 로마 당국에 강력히 요구하게 되었다. 요한복음서는 성전
정화 사건을 이렇게 기록하고 있다.

> 유대 사람의 유월절이 가까워지자 예수께서 예루살렘으로 올라가
> 셨는데, 성전 뜰에 소와 양과 비둘기를 파는 사람들과 환전상들이
> 앉아 있는 것을 보시고, 노끈으로 채찍을 만드셔서, 양과 소와 함
> 께 그들을 모두 성전에서 내쫓으시고, 돈을 바꾸어 주는 사람들의
> 돈을 쏟아 버리시고, 상을 둘러 엎으셨다. 비둘기 파는 사람에게는
> "이것을 거둬 치워라. 내 아버지의 집을 장사하는 집으로 만들지 말
> 아라" 하고 말씀하셨다. 제자들은 '주의 집을 생각하는 열정이 나를
> 삼킬 것이다' 하고 기록된 성경 말씀을 기억하였다.(「요한복음」, 2장
> 13-17절)

예루살렘 성전 주변은 유대 본토만이 아니라 주변 국가들에 흩
어져 살던 디아스포라 유대인들까지 제사를 위해 찾아온 사람들로
붐비지 않은 날이 없었다. 외지에서 온 사람들은 제사에 바쳐질 소
나 양, 비둘기 등의 희생 제물을 현지에서 직접 구입해야 했고, 로마
황제의 얼굴이 새겨진 로마 주화가 아닌 유대 주화만 사용할 수 있
었기에 성전의 제사장들은 환전 차익으로 몇십 배에 해당하는 막대
한 이익을 챙길 수 있었다. 성전은 유대 사회에서 정치와 경제, 종교
등 모든 활동의 중심지였으며, 성전과 관련된 각종 이권과 권한 대
부분은 제사장들과 사두개파 사람들이 차지하고 있었다. 예수가 성

전의 환전상들을 내쫓아 버린 행위는 제사장들과 사두개파 사람들이 주도권을 갖던 당시의 종교적 위계질서에 대한 근본적 부정으로 받아들여졌을 것이다.

심지어 예수는 아예 성전이 완전히 파괴될 것이라고까지 하였다. "예수께서 성전에서 나와서 걸어가시는데, 제자들이 다가와서, 성전 건물을 예수께 가리켜 보였다. 예수께서 그들에게 말씀하셨다. '너희는 이 모든 것을 보고 있지 않으냐? 내가 진정으로 너희에게 말한다. 여기에 돌 하나도 돌 위에 남지 않고 다 무너질 것이다.'"(「마태복음」, 24장 1-2절) 이러한 예수의 발언은 유대 종교 지도자들로서는 도저히 받아들이기 힘든 것이었다. 유대 사회의 종교 질서를 거부하는 예수의 언행은 그들로 하여금 그를 제거하도록 이끌었을 것으로 보인다. 별도의 공적 조직을 가질 수 없었던 유대 사회에서는 유대 종교 지도자들로 구성된 공회(산헤드린)가 종교재판소이자 일반 사법 기관의 역할까지 맡고 있었다. 나중에 예수가 스스로 '유대인의 왕'이 되고자 한다는 죄목으로 사형 판결을 내린 곳도 공회였다.

하지만 예수가 자신을 '유대인의 왕', 즉 '메시아'라고 공개적으로 주장한 적은 없었다. 오히려 그를 따르던 사람들이 예수를 '메시아'라 여기고, 그가 다윗 왕조를 복원시켜 줄 것이라는 기대를 갖고 있었다. 예수는 자신을 왕으로 추대하려는 시도가 있음을 알고서는 그들과 가급적 거리를 두고자 하였는데, 예수 자신이 생각하는 메시아와 사람들이 원하는 메시아가 달랐기 때문이었다. "예수께서는, 사람들이 와서, 억지로 자기를 모셔다가 왕으로 삼으려고 한다

는 것을 아시고, 혼자서 다시 산으로 물러가셨다."(『요한복음』, 6장 15절)

　예수의 제자들조차도 예수가 장차 '유대인의 왕'이 되리라는 기대를 갖고 있었다. 베드로는 예수를 그리스도, 즉 메시아라고 부르면서 자신의 기대감을 숨기지 않았다(『마가복음』, 8장 29절 이하). 예수가 자신은 곧 죽임을 당하게 될 것이라고 말하자 베드로는 이를 받아들이려 하지 않았고, 이에 예수는 하나님의 일이 아닌 사람의 일만을 생각한다면서 그를 크게 질책하였다(8장 33절). 예수를 메시아라고 고백한 베드로가 동시에 커다란 책망을 들어야 했던 사건이었다. 여기서도 예수와 제자들 간에 메시아에 대한 인식에 있어 커다란 간극이 존재함을 확인할 수 있다. 십자가 사건 이후에 부활한 예수가 승천하는 마지막 순간까지도 제자들은 이스라엘의 재건이라는 민족적 열망, 그리고 이를 위한 '유대인의 왕'으로서의 메시아에 대한 기대를 조금도 포기하지 못했음을 보여 준다. 제자들은 예수에게 이렇게 묻는다. "주께서 이스라엘을 위하여 나라를 되찾아 주실 때가 바로 지금입니까?"(『사도행전』, 1장 6절)

　예수가 유대 지도자들에게 심문을 받고 빌라도에게 재판을 받는 과정을 통해 예수 자신이 생각하는 메시아가 무엇이었을지 헤아려 볼 수 있다. 유대 종교 지도자들은 예수를 유대 내의 사법기구였던 공회가 아니라 로마 법정에 넘겼다. 신성 모독으로 공회에 회부할 경우 예수를 메시아로 따르던 대중들의 소요가 일어날 것을 우려하여 택한 방법이었다. 예수를 로마 법정에 정치범으로 넘김으로써 자신들에게 가해질 정치적 부담을 줄이고자 한 것이다. 로마 법정에 예수를 넘기기 전 유대 지도자들은 먼저 공회에서 심문을 하였다. 그가 자신을 '하나님의 아들, 그리스도'라고 주장했는지 진술을 받아 내려는 의도였다. 「마가복음」 14장 62절을 제외하고 예수가 스스로를 메시아라 직접적으로 밝히는 부분은 없다. 심지어 마태복음에서는 매우 냉소적으로 답변하기도 했다. "대제사장이 예수께 말하였다. […] '그대가 하나님의 아들 그리스도요?' 예수께서 그에게 말씀하셨다. '당신이 그렇게 말하였소.'"(「마태복음」, 26장 64절)

다른 복음서들에 비해 요한복음은 유대 지도자들이 빌라도 총독에게 예수를 고소하고 십자가형에 처하는 일련의 과정을 상세하게 기술하고 있다. 소송의 핵심은 예수 자신이 스스로 유대인의 왕, 즉 메시아를 자처했는지 여부에 있었다. 우선, 공회에서 예수를 로마 법정에 정식으로 고소하자 빌라도는 유대 내부의 문제이므로 자체적으로 처리할 것을 제안한다. 어디까지나 종교적 문제이므로 자신은 개입하지 않겠다는 것이었다. 하지만 유대 지도자들은 자신들에게 사형 권한이 없다며 예수가 반역죄를 저지른 정치범이라는 점을 적극적으로 부각시킨다. 예수 자신이 스스로 '유대인의 왕'을 참칭하였다는 것이다. 빌라도는 예수에게 직접 확인한다. "당신이 유대인의 왕인가?" 예수는 자신이 추구하는 것은 '세상의 왕권'이 아니라는 점을 밝힌다. "내 나라는 이 세상에 속한 것이 아니다. 내 나라가 세상에 속한 것이라면, 내 부하들이 싸워서, 나를 유대 사람들의 손에 넘어가지 않게 했을 것이다."(「요한복음」, 18장 36절)

이에 빌라도는 유대 사람들에게 심문 결과를 설명하며 예수에게서 아무런 죄를 찾지 못하였다고 발표하였다. 황제에 대한 반역

죄가 아닌 종교적 문제라고 결론 내린 것이다. 하지만 유대인들은 그가 단순히 율법을 범한 죄인만이 아니라 스스로 왕을 참칭한 반역죄인이며, 예수를 방면하면 황제에 대한 빌라도의 충성도까지 의심받을 수 있다고 그를 압박하였다. "이 사람을 놓아주면, 총독님은 황제 폐하의 충신이 아닙니다. 자기를 가리켜서 왕이라고 하는 사람은, 누구나 황제 폐하를 반역하는 자입니다."(19장 12절)

이에 부담을 느낀 빌라도는 재차 유대 사람들에게 묻는다. "당신들의 왕을 십자가에 못 박으란 말이오?"(19장 15절) 이에 유대 지도자들은 놀랍게도 로마 황제에 대한 충성 맹세를 하면서까지 예수에 대한 처형을 요구하였다. "우리에게는 황제 폐하밖에는 왕이 없습니다." 오랜 증오의 대상이었던 이방 민족의 왕에게 이처럼 공개적으로 충성을 맹세하는 행위는 매우 이례적인 장면이 아닐 수 없다. 결국 빌라도는 예수를 십자가형에 처하기로 하고, 그를 유대 사람들에게 넘겨주었다. 예수의 십자가 위 명패에는 "유대인의 왕"이라는 죄목이 쓰여 있었다.

예수 자신은 '유대인의 왕'이 될 생각이 없었지만, 그의 죄목은 '유대인의 왕'이었다. 하지만 예수는 자신의 나라가 세상의 국가에 속하지 않았다고 밝힘으로써 자신이 '유대인의 왕'으로서의 메시아가 아니라 '하나님의 나라'의 메시아임을 분명히 하였다. 이미 이사야, 스가랴 등 구약의 예언자들은 '야훼의 날'에 하나님의 통치가 실현될 것이라고 예언한 바 있었다. 그것은 스가랴가 예언한 것처럼, 군사력으로 통치하는 기존의 국가 권력과는 전혀 다른 것이었다. 전쟁을 통해서가 아니라 평화를 통해서 하나님의 나라가 이루어진다. 또한, 하나님의 나라는 지상의 세속적인 원리가 아니라, 세상 밖으로부터 세상 안으로 진입해 들어오는 하나님의 초월적인 나라이다. 예수는 자신의 공생애를 시작하면서 이미 하나님의 나라가 시작되었다고 선포하였다. 메시아의 시간이 도래했다는 것이다.

5. 메시아의 도래와 하나님의 나라

예수가 처음으로 자신의 사역을 시작할 때, 그가 한 첫마디는 "회개하라. 하나님 나라가 가까이 왔다"는 것이었다(「마태복음」, 4장 17절). '하나님의 나라'에 대한 기대는 이스라엘이 패망하여 포로로 끌려간 이후에 더욱 강렬해졌다. 하나님의 나라는 메시아의 도래로부터 시작된다. 그때에는 더 이상 불의와 억압, 슬픔이 없을 것이며, 지상에는 야훼의 정의가 실현되어 이스라엘이 다시금 회복될 것이다. 메시아가 도래하는 '야훼의 날'에 '하나님의 나라'가 온 세상에 선포된다. 그것이 바로 복음福音, 곧 기쁜 소식이다. 복음은 메시아가 오셨다는 소식이며, 메시아를 통해 하나님의 나라가 이 땅에 도래하였다는 소식이다. "율법과 예언자들의 글은 세례 요한 때까지다. 그 뒤로부터는 하나님의 나라가 기쁜 소식(복음)으로 전파된다."(「누가복음」, 16장 16절)

예수가 선포하는 하나님의 나라는 우선 구약의 희년禧年 사상에 기초하고 있다. 이스라엘 민족은 이집트의 노예이자 바빌론 제국의 포로로서, 땅을 빼앗기고 자유를 잃어버린 가난하고 빚진 자들이었으며, 그들에게 희년이란 모든 속박과 가난, 슬픔으로부터 해방되는 새로운 출애굽을 의미했다. 메시아는 이스라엘 민족에게 바로 그러한 희년을 가져오는 자이며, 그렇게 만들어질 나라가 곧 하나님의 나라였던 것이다.

특히 「누가복음」 4장 16절 이하에서 희년 사상이 표현된 구약 본문을 예수 자신에게 직접 적용하는 장면은 매우 의미심장하다. 이 본문은 희년 사상을 통해 메시아의 도래와 하나님의 나라가 갖는 의미를 보여 준 것으로, 예수 자신이 이해하는 메시아가 어떤 것인지 잘 드러내고 있다. 예수는 어느 안식일에 유대교 회당에 들어가 이사야서 61장 1-2절 칠십인역 본문을 펼쳐 읽는다. "주의 영이 내게 내리셨다. 주께서 내게 기름을 부으셔서, 가난한 사람들에게 기쁜 소식을 전하게 하셨다. 주께서 나를 보내셔서, 포로된 사람들에게 자유를, 눈먼 사람들에게 다시 보게 함을 선포하고, 억눌린 사람들을 풀어 주고, 주의 은혜의 해를 선포하게 하셨다."(「누가복음」, 4장 18-19절) 그리고는 이 말씀이 방금 이루어졌다고 선언한다. 유대 사람들은 그것이 무엇을 의미하는지 정확히 알지 못했다. 회당 안에 모여 있던 사람들은 예수가 스스로 유대인의 왕을 자처한다고 여기고 이에 격분하여 예수를 끌고 나가 벼랑 끝에서 밀쳐 버리려 했다(4장 28-30절).

다윗 왕조를 복원시킬 메시아에 대한 기대에도 불구하고 정작 예수는 이스라엘 왕국의 재건에 그다지 관심을 드러내지 않았다. 유대 사람들이 생각한 메시아와 예수가 생각한 메시아는 전혀 달랐던 것이다. 복음서에서도 예수는 이스라엘의 정치적 회복을 위해 오신 메시아로 묘사되지 않는다. 예루살렘으로 들어갈 때도 예수는 개선장군처럼 당당한 자태가 아니라 스가랴서 9장 9절의 '나귀 타고 오시는' 메시아, 즉 사람들로부터 천대와 멸시를 받는 초라한 모습의 메시아로 묘사된다. 예수에게 하나님의 나라는 유대 사람들이 생각하듯 이스라엘 재건이나 눈에 보이는 지상의 통치 권력이 아니었다(『요한복음』, 18장 36절).

예수가 선포한 하나님의 나라는 지상에 실현되지만 그렇다고 세속적 영역에 국한된 나라를 지칭하는 것은 아니었다. 하나님의 나라는 하나님의 통치가 실현되는 나라로서, 무엇보다도 신적이고 절대적인 윤리를 요구하는 나라이기도 했다. 예수의 산상수훈이 기존의 상식이나 율법의 기준을 뛰어넘는 역설적인 내용을 지닌 것은 이런 이유에서다. "하나님이 온전하신 것처럼 너희도 온전하라."(『마태복음』, 5장 48절) 눈이 죄를 지으면 눈을 뽑고, 손이 죄를 지으면 손을 잘라야 한다. 왼뺨을 때리면 오른뺨을 대어야 하고, 겉옷을 달라고 하면 속옷까지 주어야 한다. 심지어 기본적인 생계가 어렵던 사람들에게 무엇을 먹을까, 입을까 걱정하기보다는, 먼저 하나님의 나라와 그 의를 추구하라고 요구하였다(6장 31-33절).

바리새파는 율법의 요구사항을 최선을 다해 지키고자 하였다. 하지만 예수는 그들보다 '더 나은 의'를 요구한다. "너희의 의가 율법학자들과 바리새파 사람들의 의보다 낫지 않으면, 너희는 하늘 나라에 들어가지 못할 것이다."(5장 20절) "너희를 사랑하는 사람만 너희가 사랑하면, 무슨 상을 받겠느냐? 세리도 그만큼은 하지 않느냐? 또 너희가 너희 형제자매들에게만 인사를 하면서 지내면, 남보다 나을 것이 무엇이냐? 이방 사람들도 그만큼은 하지 않느냐?"(5장 46-47절) 당시 바리새파 사람들은 율법에 대한 엄격한 준수와 모범적인 삶을 통해 널리 대중들의 존경을 받던 부류였다. 「마태복음」은 예수의 이러한 가르침을 들은 사람들이 매우 놀라워했다고 전하고 있다. 그전까지 회당에서 서기관들로부터 듣던 가르침과는 너무도 달랐기 때문이다(7장 28-29절).

이처럼 하나님의 나라는 세속의 상식, 율법의 기준을 뛰어넘는 신적이고 절대적인 차원을 지시한다. 그러나 이러한 하나님의 나라의 윤리는 현실에서 실천 불가능하다. 칸트식으로 말하자면, 상식을 뛰어넘는 신적이고 절대적인 차원은 경험 불가능한 영역으로서 우리가 생각하거나 판단할 수 있는 차원을 애초부터 벗어나 있는 것이다. 그것은 이상이므로 기존의 상식이나 도덕에 따라 판단되거나 바뀔 수 없다. 하지만 이러한 이상은 우리를 경험적 세계 밖으로 넘어가게 하지는 않더라도 우리로 하여금 생각할 수 없었던 것을 생각하고 실천하도록 만든다. 즉, '불가능한' 개념을 실천적인 차원에서 적용하도록 이끄는 것이다.[6] 그럼으로써 우리가 기존에 가지고 있던 상식과 도덕에 대해 새로이 질문하도록 만든다.

이를 데리다식으로 표현하자면, 하나님 나라의 신적·절대적 윤리는 '불가능한 가능성'의 윤리라고 말할 수 있을 것이다. 데리다

---

6 임마누엘 칸트, 『이성의 한계 안에서의 종교』, 신옥희 옮김, 이화여자대학교출판문화원, 1984, 77-84쪽.

가 『법의 힘』에서 말하는 정의는 법을 무한히 넘어서 있다.[7] 어떠한 법도 정의를 요청하지 않을 수 없는데, 정의롭지 않은 법은 정당화될 수 없기 때문이다. 그런데 법이 추구하는 정의는 계산적 정의에 머물 뿐이다. 반면, 정의는 계산 불가능한 것으로서 법의 외부에 자리한다. 따라서 정의는 법에게 계산 불가능한 것을 계산하도록 요구한다. 그럼으로써 법은 비로소 정의로울 수 있게 된다. 즉, 법은 정의에 의해 자신을 해체하는 방식으로만 자신의 존재를 정당화할 수 있는 것이다. 이를테면, 재판관은 기존의 법에 따라 판단해야 하지만, 소송 당사자들이 법정에까지 오게 된 것은 기존의 법으로는 판단하기 어렵기 때문이다. 그렇다고 법을 기계적으로 적용할 수도 없다. 현실의 사건들은 언제나 법적 틀을 초과하여 일어나기 때문이다. 따라서 재판관은 기존의 법을 준거로 하여 판단해야 하지만 그것이 정의에 부합하는 판단인지 끊임없이 되물음으로써, 즉 기존의 법을 정의를 통해 해체하여 마치 새롭게 법을 만들기라도 하는 것처럼 재판을 해야 한다. 여기서 정의는 언제나 계산할 수도, 해체할 수도 없는 무조건적인 요구로서 기능한다.

예수가 제시하는 하나님 나라의 윤리는 그 자체로 실현 불가능하지만 언제나 그것을 지향하여 실행해야 한다는 역설적 차원에서만 이해될 수 있다. 이를테면, "네 이웃을 네 몸처럼 사랑하라"는 말씀은 어떻게 생각해야 할까? 과연 다른 사람을 자신의 몸처럼 생각

---

7 자크 데리다, 『법의 힘』, 진태원 옮김, 문학과지성사, 2004, 31쪽 이하.

하고 사랑하는 것이 정말로 가능한가? 일곱 번씩 일흔 번이라도 용서를 하라는 말씀은 또 어떻게 적용되어야 하는가? 누구도 타인의 몸을 자신의 몸으로 여길 수 없으며, 일곱 번씩 일흔 번이라도 용서를 하라는 것은 사실상 무조건 용서하라는 뜻과 같다. 현실적으로 불가능한 요구이며 이를 법제화할 수도 없다. 하지만 이러한 요구는 우리가 기존에 지니고 있던 타자에 대한 사랑과 용서의 개념이 갖는 한계를 드러내 준다. 우리를 사랑하지 않거나 심지어 미워하는 사람을 향해, 혹은 우리를 위협하는 강도에 대해 무조건적 사랑을 베푸는 것이 가능한가? 강도를 사랑하려 했다가 도리어 해를 입게 되지 않겠는가? 현실에서 과연 그것이 이뤄질 수 있겠는가? 하지만 이에 대한 정반대의 질문 또한 가능하다. 자신을 사랑해 주는 사람만 선별해서 사랑한다면 그것을 진정한 사랑이라 할 수 있는가? 그저 자신에게 이로운 관계만을 추구하는 이기적인 행위가 아닌가? 진정한 사랑이라면 대상이 누구든 가리지 않고 진심으로 사랑해야 하지 않는가? 심지어 적이나 원수까지도 사랑하고 용서할 수 있어야 진정한 사랑이자 용서가 아닌가? 이처럼 하나님 나라의 윤리 앞에서 기존에 우리가 취해 왔던 선별적이고 이해타산적인 사랑은 그 한계를 드러낸다. 나아가 우리로 하여금 '더 나은 사랑'이란 어떤 방식으로 실천해야 하는가에 대해 고민하도록 만드는 것이다. 즉, 하나님 나라의 윤리는 기존의 도덕과 법을 해체시키면서 그것들이 지니고 있었던 윤리적 척도를 더 높이는 계기로 작용하게 되는 것이다.

동시에 이러한 불가능한 가능성으로서의 하나님의 나라의 윤리는 종말론적인 차원을 갖는 것이기도 하다. 신약성서는 예수에 대해 묵시적 종말론이 기대하던 메시아로 묘사하고 있다. 하지만 이는 단순히 과거와 현재로부터 자연스럽게 이어지는 역사의 종말, 역사의 마지막 순간에 도래할 종말을 지칭하는 것이 아니다. 그것은 지상의 규범, 세속의 상식과 도덕의 '외부'에 있으면서 매 순간마다 현실을 지배하는 기존 질서를 해체하고 심판하는 역설적인 차원을 지칭하는 의미에서 종말이라고 하는 것이다. 칼 바르트의 표현을 빌리자면, 인간이 이룩한 세계와 문화를 위기에 빠뜨리면서 이와는 전혀 낯선 하나님의 정의, 하나님의 현실이 이 세상 안에 들어오는 것을 의미한다. 즉, 하나님의 나라는 하나님의 신적이고 절대적인 차원이 이 세상 한가운데서 시작됨으로써 지상의 질서와 규범을 해체하는 방식으로 도래한다는 것이다.

하나님의 나라의 이러한 역설적 측면은 '이미'와 '아직'의 역설적 시제로 표현되기도 한다. 메시아의 도래로 하나님의 나라가 '이미' 시작되었다. 그러나 '아직' 완결된 것은 아니다. 하나님의 나라는 먼 미래에 가서야 비로소 실현될 유토피아가 아니다. 하나님의 나라는 언제나 이미 실행되고 있는 진행형의 나라이다. 예수는 자신과 함께 '이미' 하나님의 나라가 시작되었음을 알리고 있다. "내가 하나님의 영을 힘입어 귀신을 내쫓는 것이면, 하나님의 나라가 너희에게 이미 온 것이다."(「마태복음」, 12장 28절) 여전히 바리새파 사람들은 예수에게 하나님의 나라가 언제 도래하느냐고 물었다. 예수는 그들의 질문에 이렇게 답한다. "하나님의 나라는 눈으로 볼 수 있는 모습으로 오지 않는다. 또 '보아라, 여기에 있다' 또는 '저기에 있다' 하고 말할 수도 없다. 보아라, 하나님의 나라는 너희 가운데에 있다."(「누가복음」, 17장 21절)

6. 예수, 메시아를 해체한 메시아

예수의 제자들은 어부, 세리(마태), 젤럿파(시몬) 등 매우 다양한 출신들로 이루어져 있었다. 특히 세리와 젤럿파는 유대 사회의 일반적인 통념으로 볼 때 함께 어울릴 수 없는 관계에 있었다. 세리는 로마를 대신하여 높은 세금을 징수하던 관리였기에 민족을 배신하고 백성의 고혈을 짜내는 원수로 여겨질 수밖에 없었다. 반대로, 젤럿파는 가장 급진적이고 과격한 민족주의자들로 무장 혁명을 통해 로마를 전복하려던 세력이었다. 세리와 젤럿파는 가장 적대적인 관계에 놓여 있었지만, 그들은 예수의 제자가 된 이후로 함께 어울리며 활동하였다. 여기서 우리는 이른바 '예수 운동'이 당시 사회의 주된 사회적·정치적 대립 구도를 가로지르는 고유한 특성을 갖고 있었음을 볼 수 있다. 즉, 그것은 당시 유대 사회의 기존 분파들 가운데 어느 하나로 분류하기 어려운 특징을 지니고 있었다. 우선, 이스라엘의 회복(혹은 하나님의 나라)을 추구했다는 점에서 젤럿파와 서로 유사한 측면을 갖지만, 그렇다고 무장 투쟁을 추구하지는 않았다. '부자'에 대해 비판적이라는 점에서 '비적' 떼와도 유사함을 갖지만, 그들을 공격하거나 약탈하지는 않았다. 또한 에세네파와 달리 자신들만의 고립된 순수한 공동체를 추구하지 않았으며, 그리고 과도한 기적이나 개인의 카리스마에 의존한 일시적 운동들과 달랐다. 예수는 지속적으로 선행과 치유를 베풀면서 일상적 삶을 강조하였다.

또한, 예수가 언급하는 하나님의 나라는 유대 사람들이 일반적으로 생각하던 기존의 통념과는 매우 달랐다. 서로 상충하는 것처럼 보이는 예수의 발언에서도 하나님의 나라가 통상적인 상식이나 규범으로 정의하기 어렵다는 점을 발견할 수 있다. 예를 들어, 칼과 관련한 언급에서 그는 서로 상반된 답변을 내놓고 있다. "너희는 내가 땅 위에 평화를 주러 온 줄로 생각하지 말아라. 평화가 아니라 칼을 주러 왔다"(「마태복음」, 10장 34절), "칼이 없는 사람은, 옷을 팔아서 칼을 사거라"(「누가복음」, 22장 36절), "네 칼을 칼집에 도로 꽂아라. 칼을 쓰는 사람은 모두 칼로 망한다"(「마태복음」, 26장 52절). 칼과 관련한 고정관념과 선입견을 뛰어넘어야만 하나님의 나라가 갖는 역설적 측면을 헤아릴 수 있다.

예수는 하나님의 나라를 설명할 때 비유를 들어 가르치곤 했는데, 사람들이 이를 쉽게 이해할 수 없었기에 그러는 것이라고 하였다. 하나님 나라가 까다롭거나 복잡한 구조를 갖기 때문이 아니라, 우리가 살아가는 일상적인 세계와는 질적으로 전혀 다른 차원을 지니기 때문이었다. 하나님의 나라는 기존의 전통적인 가치관에 길들여진 삶의 방식에서 벗어날 때 비로소 이해되기 시작한다. 예수가 "들을 귀가 있는 자는 들으라"고 거듭 말했던 것도 그 때문이다.

예수는 기존의 전통적인 율법을 부정하거나 폐지할 것을 주장하지는 않았다. 하지만 문제는 당시 유대 사람들이 율법의 자구字句에 대한 해석에 매달리거나 율법의 본래 취지에 맞지 않는 기계적인 적용에 머물고 있었다는 점이다. 특히 장애인이나 불치병자, 창녀, 세리, 이방인 등에 대한 차별을 정당화하는 근거로 율법을 악용하고 있었다. 또한, 율법학자들과 종교 지도자들은 율법에 대한 해석 권한을 독점하면서 율법을 배타적 유대 민족주의와 유대 종교 권력을 강화시키는 도구로 삼았다. 율법주의에 대한 예수의 저항은 이를 겨냥하고 있었다. 예수는 유대 사회의 민족주의적 열망과 스스로 거리를 두었으며, 우물가에서 만난 사마리아 여인과의 에피소드나 선한 사마리아인의 비유 등은 이방 민족에 대한 예수의 태도를 분명하게 보여 준다. 제자들 간에 누가 더 큰 제자인가를 둘러싸고 논란이 일었을 때, 그는 제자들의 발을 손수 씻김으로써 권력과 위계질서에 대한 전복적인 태도를 보여 주기도 했다.

예수는 유대 사람들이 기다리던 메시아의 모습과는 너무도 거리가 멀었는데, 그랬기에 도리어 대중들의 분노를 사고 말았다. 그들로서는 이스라엘의 재건, 즉 다윗 왕조의 회복과 무관한 메시아를 받아들일 수 없었던 것이다. 예수의 제자들조차 하나님의 나라를 다윗 왕조의 회복과 혼동할 정도로 유대 민족주의가 깊이 뿌리박혀 있던 상황에서 결국 예수는 스스로 유대인의 왕이 되려 한다는 죄목으로 십자가 처형을 당하고 말았다.

하지만 예수는 하나님의 나라와 메시아에 대해 전혀 다른 의미를 불어넣으면서 우리에게 새로운 메시아상을 제시하였다. 이스라엘 왕국의 재건을 위해 도래하는 기존의 메시아 개념은 더 이상 유지될 수 없었다. 어떤 민족적 열망을 충족시킬 군주로서의 메시아는 사라지고, 그 자리에는 세상의 지배적 가치와 질서로부터 벗어나 모든 소외되고 배제된 자들과 새로운 삶의 방식을 함께 실천하는, 즉 하나님의 나라를 실현하는 메시아가 등장했다. 데리다식으로 말하자면, 예수는 기존의 메시아 개념을 해체함으로써 '메시아가 아닌 메시아'를 새롭게 재구성하여 보여 준 것이라 할 수 있다. 이러한 시도는 그를 따르던 사람들에 의해 새로운 공동체적 실천을 만들어 내었다. 「사도행전」 2장은 예루살렘 공동체에서 예수가 보여 준 새로운 삶의 방식을 실천하려는 모습을 이렇게 기록하고 있다.

> 사도들을 통하여 기이한 일과 표적이 많이 일어났다. 그리하여 모든 사람에게 두려운 마음이 생겼다. 믿는 사람은 모두 함께 지내면서, 모든 것을 공동으로 소유하고, 재산과 소유물을 팔아서, 모든 사람에게 필요한 대로 나누어 가졌다. 그리고 날마다 한마음으로 성전에 열심히 모이고, 집마다 빵을 떼면서, 순수한 마음으로 기쁘게 음식을 먹고, 하나님을 찬양하였다. 그래서 그들은 모든 사람에게서 호감을 샀다. 주께서는 구원받는 사람을 날마다 더하여 주셨다.(「사도행전」, 2장 43-47절)

예수가 그랬던 것처럼, 제자들은 어느 누구라도 소외되거나 차별받지 않는 공동체를 구성하고자 하였다. 그것은 이방인도, 자유인도, 어떤 직업을 가진 사람도 누구나 참여할 수 있는 다양한 타자들의 공동체였고, 각자의 소유를 나누고 서로의 필요를 채워 주는 상호 배려의 공동체였다. 이는 예수가 말한 하나님의 나라와 매우 닮아 있었다. 이러한 새로운 흐름은 유대 본토보다 오히려 유대 바깥의 디아스포라에서 더 활발하게 일어났으며, 그러면서 예수의 가르침을 따르려는 '타자들의 공동체'가 곳곳에서 만들어지기 시작했다.

5장
바울의 정치신학과 메시아주의

아마도 바울은 서구 그리스도교 역사상 가장 많은 논란과 엇갈린 평가 속에 있는 인물 가운데 하나일 것이다. 초기 그리스도교를 성립시키는 데 있어 가장 중요한 기틀을 세운 사도로 평가되는가 하면, 예수의 복음이 갖는 혁명성을 탈색시킴으로써 그리스도교를 교리의 굴레에 갇히도록 만든 주범으로 간주되기도 했다. 니체에게서 바울이 인간에게 죄책감과 양심의 가책을 부여함으로써 원한의 종교를 만들어 낸 인물이라면, 키르케고르에게는 서구 동일성과 주체성의 철학을 해체시키는 극단의 사상가였다. 서구 형이상학의 존재 개념에 반문을 던진 하이데거 역시 바울의 시간 및 존재 이해에 크게 빚지고 있음은 주지의 사실이다. 한편으로, 아감벤이나 바디우, 지젝 등 최근의 현대 정치철학자들은 바울의 문헌이 갖는 탈근대적이고 반제국주의적 측면에 주목하고 있다.

그리스도교 신학 안에서도 바울은 시대와 교파에 따라 상이한 방식으로 수용되어 왔다. 기원후 2-3세기에 바울의 문헌은 정통과 이단을 가르는 논쟁을 거치면서 정경正經의 범위를 정하는 기준이 되었다. 당시의 많은 소규모 분파들의 문헌들이 바울의 문헌을 기준으로 하여 정경으로 채택되거나 배제되었는데, 이를 통해 오늘날 신약성서의 범위가 확정되기에 이른다. 중세에 와서 바울의 문헌은 아우구스티누스의 예수의 신-인성 교리의 주된 근거가 되었으며, 다메섹에서 회심한 바울처럼 아우구스티누스는 자신의 회심과 실존적 사색을 바탕으로 하는『고백론』을 서술하게 된다. 토마스 아퀴나스는 스콜라 철학의 주요 개념들의 근거를 바울에게서 발견할 수 있었다.

중세 그리스도교에서 근대 개신교로 나아가게 되는 계기 역시 바울을 통해서였다. 종교개혁 당시 루터가 로마 가톨릭의 성직제도와 교리체계를 비판했던 근거는 '오직 믿음으로 구원을 얻는다'는, 이른바 바울의 '칭의론' 교리였다. 한편, 합리주의 신학은 신비적이고 종말론적인 성격을 지닌 바울 문헌보다는 예수의 언행이 담긴 복음서를 선호했다. 전통적 교리가 그려 낸 초역사적 그리스도보다는 역사 속의 예수의 메시지가 지닌 보편적 윤리에 주목하고자 한 것이다. 하지만 20세기에 들어 독일 개신교 신학자들이 대거 나치즘에 동조하자 이에 대한 반발로 바울의 사상과 교리가 재조명되기 시작하였다. 칼 바르트의 '로마서 강해'가 발표되면서 점차 '역사적 예수'에 관한 논의는 퇴조하고 '신앙의 그리스도'(루돌프 불트만)를 강조하는, 이른바 '바울 르네상스' 시대를 맞이하게 된 것이다. 한편으로 마르크스주의적 관점을 수용한 해방신학에서는 바울보다 약자의 편에 서서 현실과 맞서 싸우는 프로메테우스적 이미지의 역사적 예수를 좀 더 부각시키는 경향을 보이고 있다.

바울의 문헌들 안에서 만나는 바울 역시 그 전체적인 모습이 선명하게 그려지는 것은 아니다. 바울의 문헌들은 체계적인 논문 형식의 글이 아니라 특정 대상에게 보낸 서신들인데, 상대방이 처한 상황과 문제에 따라 각기 다른 방식으로 다른 해답을 제시하고 있기 때문이다. 이를 통해 우리는 그야말로 '해결사'를 자처하면서 고군분투하는 여러 모습의 바울을 만나게 된다. 신학의 다양한 조류들만큼이나 다양한 모습을 지닌 바울이 기다리고 있는 것이다.

1. 유대 사회와 디아스포라의 공동체들

예수의 죽음 전후로 해서 유대 사회에서는 일정한 변화가 일어났다. 우선, 이스라엘의 독립 가능성이 희박해질수록 유대 내의 민족주의적 경향은 더욱 강화되었다. 젤럿파는 로마에 대한 직접적인 무장 투쟁을 통해서라도 이스라엘의 독립을 실현하고자 했고, 바리새파는 유대 전통과 율법의 권위를 수호하는 일에 더욱 매진하고자 했다. 예수의 죽음으로 인해 유대 사회 내에서의 예수 운동은 그 활동이 크게 위축되었고, 유대 밖의 이방 지역으로 점차 활동 반경을 넓혀 가게 되었다.

예수 운동 내에서도 일정한 변화가 일어나고 있었다. 디아스포라 지역에서 이스라엘 땅으로 유입된 새로운 사람들로 인해 기존의 유대 출신 그리스도인만이 아니라 디아스포라 출신의 그리스도인들도 생겨나기 시작한 것이다. 유대 출신 그리스도인들이 자신들의 민족적 전통을 고수하려고 했던 것과 달리, 디아스포라 출신 그리스도인들은 유대 사회의 민족주의적 경향으로부터 거리를 두고자 했다. 예루살렘 공동체 내에도 유대 출신과 디아스포라 출신 그리스도인들이 함께 속해 있었는데, 디아스포라 출신 그리스도인들 가운데 일부가 소외되면서 분란이 일기도 하였다(「사도행전」, 6장 1절). 이후로 디아스포라 출신 그리스도인들은 독자적인 공동체를 구성하기에 이른다. 유대 사회 안에서의 입지가 축소되면서 어려움을 겪던 예루살렘 공동체는 가급적 유대 종교지도자들과 마찰을 빚지 않으려고 했다. 하지만 스데반 사건 이후로 디아스포라 출신 그리스도인들은 유대 본토에서 추방되어 디아스포라 지역으로 흩어지게 되었다.[1]

유대인들은 기원전 586년 이스라엘이 바빌론 제국에 의해 패망한 이후 수백 년 동안 디아스포라로 살아오고 있었다. 그럼에도 그들이 유대 전통을 지키며 이스라엘 민족이라는 소속감을 지녀 올 수 있었던 것은 회당을 통해 율법 교육을 지속적으로 실시해 왔기 때문이었다. 당시에 디아스포라 지역에는 5-6백만 명에 이르는 유대인들이 살고 있었는데, 이는 유대 본토 인구의 7-8배에 이르는 숫자였다. 바울은 이곳 디아스포라 출신 유대인으로, 오늘날의 터키에 해당하는 소아시아 지역의 '다소'Tarsus라는 항구 도시에서 정통 바리새파 교육을 받으면서 자랐다. 당시의 바리새파 사람들과 마찬

---

1 본서 147-148쪽 참조.

가지로 바울 또한 예수 운동에 대해 적대적인 태도를 갖고 있었으나, 회심 이후로는 디아스포라 지역을 대표하는 사도로서 선교 활동을 활발하게 펼치게 되었다.

바울이 회심하기 전부터 이미 디아스포라 지역에는 회당과 가정을 중심으로 그리스도인 공동체가 형성되어 있었다. 주요 구성원들은 유대 출신의 유대계 그리스도인과 디아스포라 출신의 비유대계 그리스도인이었다. 바울의 문헌들에서 '유대파'와 '헬라파'라는 표현이 자주 등장하는데, 여기서 '유대파'로 불리는 사람들은 대체로 유대 출신인 유대계 그리스도인을 지칭하며, '헬라파'는 비유대계, 즉 디아스포라 출신의 그리스도인들을 가리킨다. 그러나 유대파에 속한 비유대계 사람들도 있었고, 반대로 헬라파에 속한 유대계 사람들도 있었기 때문에, 출신 지역을 가지고 이 둘을 구분하는 것은 큰 의미가 없다. 오히려 이 둘을 구분할 수 있도록 해주는 것은 기존의 유대교 전통에 대한 태도의 차이에 있었다. 유대파 그리스도인들이 가급적 유대교 전통을 고수하고자 했던 반면에, 헬라파의 경우 기존의 유대교 전통에 더 이상 얽매일 필요가 없다는 태도를 보였던 것이다.

바울에 대해 가장 적대적인 태도를 취한 것은 바로 유대파 그리스도인들이었다. 로마 당국은 유대파와 헬라파와의 갈등을 유대인들의 내부 문제로 보았기 때문에 가급적 간섭하지 않으려 했다. 유대파 그리스도인들은 바울을 유대 민족의 배신자로 간주했는데, 그가 디아스포라 출신의 그리스도인들은 할례도 받지 않고 유대 전통을 지키지 않아도 하나님으로부터 구원을 받는다고 주장했기 때문이었다. 따라서 디아스포라 사람들에 대한 바울의 전도 활동은 유대 민족을 향한 하나님의 약속을 파기하는 것과 마찬가지로 여겨졌다. 로마의 공동체들 내부에서도 바울에 대한 반감이 생겨나고 있었다. "좋은 일이 생기게 하기 위하여, 악한 일을 하자고 말할 수 있겠습니까? 사실, 어떤 사람들은 우리가 그런 말을 한다고 비방합니다."(「로마서」, 3장 8절)

그뿐만 아니라 기원후 49년경 클라우디우스 칙령으로 로마에서 유대인들이 추방당한 이후, 다시금 로마로 귀환한 유대파 그리스도인들과 헬라파 그리스도인들 간의 갈등이 점차 심각하게 벌어지고 있었다. 바울은 공동체 내 지배적인 영향력을 행사하던 헬라파 그리스도인과 비주류로 남게 된 유대파 그리스도인 간의 대립과 갈등을 해소하고자 했다. 특히 예루살렘 공동체와의 원만한 유대 관계가 지속되지 못한다면 향후 유럽 전도 활동의 전초기지가 될 로마 공동체 내 자신의 입지가 심각하게 축소될 수밖에 없었기 때문이다. 로마행을 앞두고 있던 바울은 이러한 문제들을 시급히 해결할 필요를 느꼈고, 그것이 「로마서」를 집필하게 된 계기였다.

2. 바울과 예루살렘 공동체와의 관계

사실 별로 알려지지 않았고 그 자격마저 의심받았던, 그야말로 금시초문의 인물이던 바울이 갑자기 그리스도교의 중심 사도로 떠오른 것은 뜻밖의 일이라 할 수 있다. 그전까지 바울은 한 번도 예수를 만난 적이 없었고, 이른바 예수의 12제자에 속한 것도 아니었기에 그의 자격에 대한 시비가 끊이지 않았다. 특히 예루살렘의 유대파 그리스도인들은 바울에게 반감과 의심의 눈초리를 거두지 않고 있었다. "그들이 당신을 두고 하는 말을 소문으로 듣기로는, 당신이 이방 사람 가운데서 사는 모든 유대 사람에게 할례도 주지 말고 유대 사람의 풍속도 지키지 말라고 하면서, 모세를 배척하라고 가르친다는 것입니다."(「사도행전」, 21장 21절) 예루살렘 공동체 내 예수의 친동생 야고보와 베드로와 요한 등 예수의 제자들도 바울의 활동에 대해 매우 우려하는 시선을 보냈다. 유대 사회에서 점차 설 자리를 잃어 가던 예루살렘 공동체로서는 율법에 대한 바울의 태도가 지나치게 급진적이라고 여긴 것이다.

예루살렘 공동체가 이렇듯 보수적 태도를 보이는 것은 당시 유대 사회에서 민족주의적 경향이 강화되던 것에 따른 것이지만, 또한 예루살렘 공동체 내의 구성원의 변화에 기인한 것이기도 했다. 예루살렘 공동체는 예수의 제자들을 중심으로 하는 갈릴리 출신 유대인, 예루살렘 출신의 유대인, 그리고 디아스포라 출신으로 예루살렘에 거주하던 유대인으로 이루어져 있었다. 그런데 여기서 주목해야 할 점은 공동체에서 점차 예루살렘 출신이 다수를 차지하게 되었고, 특히 그들 가운데 상당수가 바리새파 출신이었다는 점이다.

복음서에서는 예수가 바리새파에 대해 강하게 비판하거나 바리새파 사람들이 예수에 대해 비판하는 대목이 자주 발견된다. 따라서 예수와 바리새파가 서로 적대적인 관계라고 여기기 쉽지만,

실제로 바리새파는 예수와 어느 정도 우호적인 관계를 유지하고자 했다. 그들 가운데에는 예수를 비판하고 적대시한 사람들도 있지만, 예수의 가르침에 동조하는 경우도 적지 않았다. 그들은 예수와 함께 수차례 식사를 하면서 지속적으로 교류하고자 했고, 당시 유명한 율법학자였던 니고데모는 예수를 자신의 스승으로 인정하기도 했다. 십자가 처형 이후에 예수의 시신을 가져다 직접 매장한 인물도 니고데모였다. 바울 또한 바리새파 출신이라는 점을 떠올려 본다면 예루살렘 공동체 내에 바리새파 출신이 다수를 차지했다는 사실이 전혀 불가능한 일은 아닌 것이다.

예수 사후에 예루살렘 공동체 내에서 바리새파 출신이 점차 다수를 차지하게 되자, 할례와 정결례 등 각종 율법을 준수함으로써 유대인의 민족적 정체성을 지켜야 한다는 목소리가 커지기 시작했다. "바리새파에 속하였다가 신도가 된 사람 몇이 일어나서 '이방 사람들에게도 할례를 주고, 모세의 율법을 지키라고 명령하여야 합니다' 하고 말하였다."(15장 5절) 바울이 '할례당'이라고 부르는 사람들은 바로 예루살렘 공동체 내의 바리새파 유대인들을 가리킨다. 반면, 디아스포라 출신인 '헬라파' 유대인들은 율법 규정을 엄격히 따르는 것이나 유대적 정체성을 지키는 것에 큰 관심을 두지 않았다. 그보다는 율법의 본래 정신으로 돌아가 성전 중심의 형식화된 의례를 개혁하는 것이 더 중요하다고 보았다. 이러한 입장의 차이가 유대파와 헬라파 간의 갈등을 낳는 주된 요인이었다.

헬라파에 속하는 디아스포라 출신 유대인들은 헬라어를 사용하였기 때문에 아람어를 사용하던 유대파와는 별도의 모임을 가졌다. 예루살렘 공동체에 사람이 많이 모여들면서 가난한 사람들에 대한 식량 배급 문제로 논란이 일었는데, 특히 헬라파 과부들이 소외되면서 헬라파에서 이에 대한 대책을 요구하게 되었다. 12사도들은 헬라파에 속한 7명을 뽑아서 식량 배급을 비롯하여 교육과 선교에 관한 제반 업무를 맡겼고, 이 가운데 스데반의 활동이 크게 두각을 나타내었다. 이는 12사도와 별도로 구성된 독자적인 헬라파 공동체가 생겨났음을 의미한다.[2] 그리고 이는 유대파와의 갈등이 심화되는 요인이 되었다. 스데반의 설교를 들은 유대파는 헬라파가 자신들과 신학적 견해가 다름을 확인할 수 있었다. "이 사람은 쉴새 없이 이 거룩한 곳과 율법을 거슬러 말합니다. 이 사람이, 나사렛 예수가 이곳을 헐고 또 모세가 우리에게 전하여 준 규례를 뜯어고칠 것이라고 말하는 것을, 우리가 들었습니다."(6장 13-14절)

결국 유대인들의 고발에 의해 스데반은 공회에 나와 심문을 받게 되었다. 이때 그가 유대 사회의 배타적 민족주의, 그리고 부와 권력을 독점해 온 성전 체제에 대해 강하게 비판했던 것이 순교의 직접적인 이유가 되었다. 그의 발언에서 헬라파가 갖고 있던 당시의 유대 종교와 성전 체제에 대한 인식이 어떤 것이었는지 엿볼 수 있다.

---

2 볼프강 슈테게만·에케하르트 슈테게만, 『초기 그리스도교의 사회사』, 손성현·김판임 옮김, 동연, 2012[2009], 352쪽.

"가장 높으신 분께서는 사람의 손으로 지은 건물 속에 살지 않으십니다. '나 주가 말한다. 하늘은 나의 보좌요, 땅은 나의 발판이다. 너희가 나를 위해서 어떤 집을 지어 주겠으며, 내가 쉴 만한 곳이 어디냐? 이 모든 것이 다 내 손으로 만든 것이 아니냐?' 목이 곧고 마음과 귀에 할례를 받지 못한 사람들이여, 당신들은 언제나 성령을 거역하고 있습니다. 당신네 조상들이 한 그대로 당신들도 하고 있습니다. 당신들의 조상들이 박해하지 않은 예언자가 한 사람이나 있었습니까? 그들은 의인이 올 것을 예언한 사람들을 죽였고, 이제 당신들은 그 의인을 배반하고, 죽였습니다. 당신들은 천사들이 전해 준 율법을 받기만 하고, 지키지는 않았습니다."(「사도행전」, 7장 48-53절)

이 말을 들은 유대인들은 크게 격분했고, "사람들은 귀를 막고, 큰소리를 지르고, 일제히 스데반에게 달려들어서, 그를 성 바깥으로 끌어내어 돌로 쳤다"고 기록하고 있다(7장 57-58절). 스데반의 순교 이후 헬라파 사람들은 많은 박해를 받았고, 결국 유대 본토에서 대부분 추방되어 디아스포라 지역으로 흩어지는 계기가 되었다. 이로 인해 헬라파의 활동은 유대 밖으로 확산되었으며, 반대로 예루살렘 공동체는 유대파가 주도하면서 더욱 보수적이고 민족주의적인 경향이 강화되었다.

디아스포라 지역에 세워진 수많은 공동체들 가운데 안디옥에서 가장 먼저 그리스도인들의 공동체가 수립되었다. 그리스도인이라는 용어도 원래 안디옥 공동체 신도들을 지칭하면서 처음 사용된 표현이었다. 예루살렘 공동체에서는 바나바와 바울을 보내어 안디옥 공동체를 지도하고 감독하도록 하였다. 바나바와 바울의 안디옥에서의 성공적인 활동이 예루살렘 공동체에 전해졌지만, 그에 대한 비판적인 목소리도 적지 않았다. 이러한 목소리는 예루살렘 공동체 내의 '유대파'들에게서 나온 것이었다. 심지어 유대파는 안디옥으로 사람을 보내어 "여러분이 모세의 관례대로 할례를 받지 않으면, 구원을 얻을 수 없습니다"(15장 1절)라고 경고하기도 했다. 이 때문에 안디옥 공동체에서는 커다란 분란이 일어났고, 이 문제를 해결하기 위해 그들은 바나바와 바울을 예루살렘으로 보내게 되었다.

예루살렘에 도착한 바나바와 바울은 사도회의에 참여하여 그간의 경과를 설명하고, 자신들은 이방인에게 할례나 정결례 등을 강요하지 않았다고 하였다. 베드로도 바울의 편을 들면서 이방인에게 유대인의 멍에를 부여해서는 안 된다고 하였고(15장 10절), 야고보도 율법과 할례를 강요하지 말자면서 이것이 예언자들이 전해준 말씀과 일치한다고 하였다. 하지만 음식 규정만큼은 반드시 지키도록 해야 한다며 다소 이율배반적인 태도를 취하기도 했다(15장 20절). 야고보는 예루살렘 공동체 내에서 유대파의 강경한 태도를 의식하며 다소 절충적인 입장을 택했던 것으로 보인다.[3] 결국 사도회의에서는 음식 규정을 지킬 것을 결의하고 디아스포라 지역에 다

---

3 에티엔느 트로크메, 『초기 기독교의 형성』, 유상현 옮김, 대한그리스도교서회, 2003, 54-55쪽.

음과 같은 사항을 담은 서신을 보내었다. "여러분은 우상에게 바친 제물과 피와 목매어 죽인 것과 음행을 멀리하여야 합니다. 이를 삼간다면 아주 잘 행한다고 하겠습니다."(15장 29절) 하지만 이는 나중에 다시금 논란의 불씨로 작용하여 또 다른 문제를 일으키게 되었다.

사도회의가 끝난 지 얼마 있지 않아 예루살렘 공동체에서 또다시 안디옥 공동체로 사람을 보냈다. 음식 규정을 잘 지키는지 여부를 확인하려는 의도에서였다. 예루살렘에서 보낸 사람들이 안디옥 공동체를 방문하자 당시 식사 중이던 베드로는 그들을 의식하여 곧바로 자리를 피하였다. 그전까지 디아스포라 출신 사람들과 함께 음식도 먹으며 잘 어울렸지만, '야고보가 보낸 사람들'이 도착하자 언제 그랬냐는 듯이 갑자기 태도를 바꾼 것이다. 바나바까지도 베드로와 마찬가지로 태도를 바꾸어 행동했다. 이를 보고 격분한 바울은 다음과 같이 베드로와 바나바를 공개적으로 비난하였다. "나는 그들이 복음의 진리를 따라 똑바로 걷지 않는 것을 보고, 모든 사람 앞에서 게바(베드로)에게 이렇게 말하였습니다. '당신은 유대 사람인데도 유대 사람처럼 살지 않고 이방 사람처럼 살면서, 어찌하여 이방 사람더러 유대 사람이 되라고 강요합니까?'"(「갈라디아서」, 2장 12-14절)

안디옥 사건은 유대 전통을 지키는 문제가 디아스포라 지역 공동체들에게 매우 민감한 이슈였음을 보여 준다. 그리고 이에 대한 유대파와 바울의 입장의 차이가 향후 초기 그리스도교 공동체들의 성격을 결정짓는 중요한 분기점이 되었다고 할 수 있다. 안디옥 공동체에서 바울의 편을 들어준 사람은 거의 없었고, 바울은 거의 쫓겨나다시피 안디옥을 떠나게 되었다.[4] 이 사건을 계기로 바울은 베드로, 바나바와 결별하고 실라와 함께 마케도니아와 소아시아, 그리스 지역으로 자신의 활동 영역을 넓혀 나갔다. 예루살렘 공동체의 간섭에서 벗어나 율법과 유대 전통으로부터 자유로운 공동체를 세우려는 본격적인 활동이 시작된 것이다.

예루살렘 공동체 내의 '유대파', 그중에서도 바울에 의해 '할례당' 또는 '거짓 형제들'이라 불렸던 사람들의 공격은 매우 집요하면서도 지속적으로 이루어졌다. 그들은 바울이 세운 공동체마다 사람을 보내어 바울의 자격에 대한 시비부터 배교자라는 비난에 이르기까지 수없이 논란을 일으켰다. 실례로 그들은 고린도 공동체에서 바울에 대해 예루살렘 공동체로부터 공식적으로 자격을 인정받지 못한 사람이며 율법을 배반한 자라고 소문을 퍼뜨렸는데, 심지어 바울이 후원금을 받지 않고 스스로 벌어서 전도 활동을 하는 이유도 그 때문이라고 하였다. 따라서 바울은 사도로서 자격이 없으며, 예루살렘에 보낼 모금 행위까지도 사기 행각이자 공금 횡령이라고 몰아세웠다. 이에 고린도 공동체는 크게 동요하였다. 바울이 후원금을 받지 않은 이유는 고린도 공동체에 부담을 주지 않고자 한 것인데, 이것이 도리어 적대자들에게 빌미를 제공한 셈이다. 바울은 이러한 상황에 대해 다음과 같이 전하고 있다. "어떤 사람이 와서,

---

4 에티엔느 트로크메, 『초기 기독교의 형성』, 100쪽.

우리가 전하지 않은 다른 예수를 전해도, 여러분은 그러한 사람을 잘도 용납합니다. 여러분은 우리에게서 받지 않은 다른 영을 잘도 받아들이고, 우리에게서 받지 않은 다른 복음을 잘도 받아들입니다. 나는 저 가장 위대하다는 사도들보다 조금도 못할 것이 없다고 생각합니다."(「고린도후서」, 11장 4-5절)

바울은 디아스포라 지역의 여러 공동체를 다니면서 예루살렘의 가난한 사람들을 위한 모금을 벌였다. 어려움에 처해 있는 예루살렘 공동체를 지원함으로써 자신의 전도 활동이 결코 유대 민족을 배신하려는 행위가 아님을 밝히고, 이방 출신 그리스도인들이 율법을 지키지 않더라도 하나님의 구원을 받을 수 있다는 점을 예루살렘 공동체로부터 공식적으로 승인받고자 했던 것이다. 바울은 예루살렘을 방문해서 자신을 둘러싼 모든 논란을 깨끗하게 정리하고 싶어 했다. 바울이 그동안 세웠던 디아스포라의 공동체들이 점차 '할례당'의 수중에 들어가는 상황에서 그는 어떻게 해서든 예루살렘 공동체와의 유대 관계를 이어 가고자 했다. 이를 위해 디아스포라 공동체의 이방 출신 대표자들을 대거 이끌고 10여 년에 걸쳐 모금한 구제금을 지참하여 예루살렘 공동체를 방문하기에 이른다(「사도행전」, 21장).

예루살렘 방문은 바울에게 매우 절실하고 필요한 일이었지만, 동시에 커다란 위험을 감수해야만 하는 일이기도 했다. 바울이 전하고자 하는 구제금을 예루살렘 공동체가 거절할 수도 있고, 자칫하면 그곳의 적대자들로부터 화를 입을 수도 있었기 때문이다. 그래서 그는 로마에 있는 교우들에게 자신이 화를 당하지 않도록 기도해 달라고 호소하였다. "내가 유대에 있는 믿지 않는 자들에게서 화를 당하지 않도록, 그리고 또 내가 예루살렘으로 가져가는 구제금이 그곳 성도들에게 기쁘게 받아들여지도록 기도해 주십시오. 그래서 내가 하나님의 뜻을 따라 기쁨을 안고 여러분에게로 가서, 여러분과 함께 즐겁게 쉴 수 있게 되도록 기도해 주십시오."(「로마서」, 15장 31-32절)

하지만 바울은 이미 자신의 죽음을 예감하고 있었던 것으로 보인다. 자신을 만류하던 교우들에게 "왜들 이렇게 울면서 내 마음을 아프게 하십니까? 나는 주 예수의 이름을 위해서 예루살렘에서 결박을 당할 것뿐만 아니라 죽을 것까지도 각오하고 있습니다"(「사도행전」, 21장 13절)라고 말한다. 그는 예루살렘을 향해 떠나면서 마지막 고별 설교를 남긴다. "이제 나는 성령에 매여서 예루살렘으로 가는 길입니다. 거기에서 무슨 일이 내게 닥칠지, 나는 모릅니다. 다만 내가 아는 것은, 성령이 내게 일러 주시는 것뿐인데, 어느 성읍에서든지, 투옥과 환난이 나를 기다리고 있다는 것입니다. 그러나 […] 나는 내 목숨이 조금도 아깝지 않습니다. 나는 여러분 가운데로 들어가서, 그 나라를 선포하였습니다. 그런데 이제 나는, 여러분 모두가 내 얼굴을 다시는 볼 수 없으리라는 것을 압니다."(20장 22-25절)

「사도행전」 21장에는 예루살렘 공동체에서 바울의 방문을 그리 달갑게 여기지 않았음을 보여 주는 구절들이 여러 군데 나타난다. 상식적으로 생각하자면 거액의 후원금을 들고 방문한 바울 일행을 환영하는 것이 당연해 보인다. 바울 일행을 반갑게 맞이하였다는 「사도행전」의 묘사와 달리, 그의 방문에 대한 예루살렘의 반응은 냉담하기 그지없었다. 오히려 야고보는 예루살렘의 교인들이 바울 일행 때문에 힘들어하고 있다는 말을 전할 따름이었다.(21장 22-23절)

바울 일행의 방문을 부담스러워했던 야고보는 바울에게 먼저 성전에 가서 예루살렘 공동체 구성원들의 성결 의식 비용을 대신 지불할 것을 제안하였다. 공동체 구성원들에게 환심을 살 행위를 하라는 것이었다. 야고보의 제안에 따라 바울은 정결 의식을 하고 나서 성전에 들어갔다. 정결 기한인 7일이 끝날 무렵 아시아에서 온 어느 유대인이 성전에서 바울을 붙잡아 군중들에게 소리쳤다. 바울이 이방인들을 성전에 데리고 와서 더럽혔다고 모함한 것이다. 이로 인해 바울은 그 자리에서 군중들에게 집단 폭행을 당하고 성전 밖으로 끌려 나갔다. 이때에도 예루살렘 공동체는 바울을 위해 아무런 조치도 취하지 않고 있었다. 정작 죽을 위험에 빠진 바울을 구해 준 것은 로마의 천부장이었다. 성전 인근에서 소요가 일어났다는 소식을 듣고 그가 급히 부하 군인들을 보내어 집단 폭행을 멈추도록 한 것이다. 그리고 바울을 자신의 병영으로 데리고 가서 군중들로부터 떼어 놓았다. 군중들은 바울을 데리고 가는 도중에도 로마 군인들을 쫓아오면서 "이 자를 없애 버려라"라고 외쳤다(21장 32-36절).

바울이 유대인들로부터 성전 행위를 한 것으로 몰려 폭행을 당하고 로마에 체포되어 재판을 받기까지 예루살렘 공동체의 지도자 가운데 그 누구도 그를 위해 변호해 주지 않았다. 바울 역시 예루살렘 공동체에서 자신을 도와줄 사람이 없다는 것을 짐작하고 있었다. 그래서 예루살렘 공동체가 아닌 로마의 천부장에게 긴급히 도움을 요청한 것이다.[5] "바울을 죽이기 전에는 먹지도 마시지도 않겠다"며 살인 모의에 가담한 유대인 40여 명이 로마 병영 주변에 매복하고 있었는데, 그들은 당시 대제사장들과 장로들과의 협의하에 구성된 폭도들이었다. 바울이 공회에서 재판을 받는 와중에도 폭도들은 바울을 죽일 기회를 모색하고 있었다. 이 사실이 로마 천부장의 귀에 들어가게 되고, 바울은 자신이 로마 시민이므로 로마 법정에서 재판을 받겠다고 주장하여 로마로 압송되었다. 그리고 4년 후 네로 황제가 로마 대화재의 책임을 유대인들에게 돌리면서 바울은 참수형을 받고 최후를 맞기에 이른다.

바울의 죽음 이후 바울을 지지했던 디아스포라 지역의 공동체들은 점차 쇠퇴하고, 반대로 예루살렘 공동체는 유대 사회와의 원만한 유대 속에서 나름대로 명맥을 유지해 나갈 수 있었다. 역사는 바울이 아닌 유대파의 손을 들어준 것처럼 보였다. 하지만 기원후 70년 유대인들의 무장 반란이 로마군에 의해 진압되면서 상황은 정반대로 흘러갔다. 예루살렘 성전의 파괴와 함께 유대 본토의 유대인들이 디아스포라 전역으로 흩어졌으며, 예루살렘 공동체 역시 해체되면서 유대파는 역사 속에서 사라지는 비운을 맞았다. 반면, 디아스포라 지역에 남아 있던 공동체들은 복음서와 바울 서신 등을 펴내어 예수와 사도들, 바울의 가르침을 본받으려는 활동을 이

---

5 정기문, 『그리스도교의 탄생』, 길, 2016, 324쪽.

어 갔다. 그리고 이것이 훗날 그리스도교의 탄생으로 이어지게 되었다.

3. 바울이 추구한 공동체

바울은 어떤 점에서 유대파와 다른 신학적 견해를 가지고 있었던 것일까? 바울을 유대교와 대결한 그리스도교의 창시자로 간주하거나 율법이 아닌 믿음으로 구원을 받는다는 루터의 칭의론 등은 바울에 대해 가장 널리 알려진 이미지이지만, 이것만으로 바울의 고유한 문제의식을 이해하기에는 크게 한계가 있다. 바울의 문헌들, 특히 「로마서」를 중심으로 그의 주요한 사상들을 간략히 짚어 보면서 그가 무엇과 대결하며 고군분투했는지 알아보기로 하자.

바울의 대표적 문헌인 「로마서」는 그의 말년에 집필된 것이면서도 체계적으로 자신의 견해를 전개하고 있는 서신으로, 바울의 전체 사상에 비교적 쉽게 접근할 수 있는 글이라 할 수 있다. 또한, 그리스도론, 구원론 등 그리스도교의 주요 핵심 교리가 대부분 여기에 근거하고 있어서 그리스도교 교의학에서는 바울 사상을 대표하는 가장 중요한 본문으로 취급하고 있다.

「로마서」는 예루살렘으로의 마지막 방문을 앞두고 집필된 서신으로, 바울은 여기에서 로마 공동체의 교우들에게 자신의 향후 계획과 신학적 견해를 종합적으로 밝히고 있다. 자신이 왜 예루살렘에 가고자 하는지, 유대인의 율법과 헬라인의 지혜의 관계는 어떠하며, 나아가 구약의 율법과 예수 그리스도의 복음에 대한 자신의 견해가 무엇인지 차례로 서술한다.

바울의 칭의론: 차별을 뛰어넘는 정의

「로마서」에서 바울은 하나님의 구원이 더 이상 율법의 행위가 아닌 예수 그리스도에 대한 믿음을 통해 이뤄진다고 밝힌다. 루터는 바울의 이 주장을 바탕으로 이신칭의론(칭의론)을 제창하였고, 그것을 종교개혁의 가장 중요한 근거로 삼았다. 행위가 아니라 오직(!) 믿음으로 구원을 받는다는 것이다. 로마 가톨릭의 성직제와 성례전을 겨냥하여 이를 행위의 율법주의로 규정했고, 구원은 이러한 행위(성직제와 성례전)가 아닌 각자의 신앙 고백(믿음)에 있음을 주장했던 것이다.

하지만 「로마서」의 서술 배경을 고려하여 읽어 본다면, 루터의 이러한 바울 해석과 칭의론이 「로마서」의 원래 맥락과 상당히 동떨어져 있는 것임을 알 수 있다. 「로마서」 2장과 3장을 보면, 바울은 유대인이든 헬라인이든 자신이 상대보다 더 우월하다고 말할 근거가 없다고 밝히고 있다. 모세의 율법을 지킴으로써 하나님 앞에서 인정받으려는 유대인이나, 양심에 따라 각자의 마음에 새겨진 자연법에 순종하려는 헬라인이나 하나님께서 보시기에 별반 다르지 않다는 것이다. 과연 도덕적 행위를 통해 하나님 앞에서 의롭다고 말할 수 있는 사람이 누가 있겠는가? 율법을 행함으로써 하나님 앞에서 의롭다고 주장할 수 있는 사람 또한 누가 있겠는가(「로마서」, 3장 20절)? 율법을 통해 의로운 행위를 함으로써 그에 대한 보상으로 구

원이 주어지는가? 그것은 인간의 어리석은 생각일 뿐이다. 하나님
께서 주시는 구원은 값없이 주어지는 선물이다(3장 24절). 하나님
은 유대인만의 하나님도, 이방인만의 하나님도 아니다(3장 29절).
할례를 받거나 받지 않았거나, 유대인이든 이방인이든 상관없이,
예수 그리스도에 대한 믿음을 통해서만 의롭게 될 수 있다는 것이
다(3장 22절).

바울이 유대인들의 율법의 행위에 대해 비판할 때나 헬라인들
의 지혜에 대해 비판할 때, 그는 유대파 그리스도인과 헬라파 그리
스도인들의 갈등을 염두에 두고 있었다. 유대 사람이라고 해서, 율
법을 지킨다고 해서 하나님에게 의롭다고 인정받는 것이 아니다.
누구도 율법 앞에서 자신의 완전무결함을 말할 수 없기 때문이다.
헬라 사람도 마찬가지다. 아무리 지혜롭다고 해서 하나님에게 의롭
다고 인정받을 수 없다. 유대인이나 헬라인이나 그 누구라도 자신
들의 우월함을 내세우면서 상대를 멸시할 수 없음을 강조한다. 칭
의론의 이러한 취지를 잘 보여 주는 구절이 「갈라디아서」 3장 28절
이다. 하나님의 구원은 혈통이나 사회적 지위, 신분에 따라 차등 있
게 주어지는가? 결코 그렇지 않다.

"여러분은 모두 그 믿음으로 말미암아 그리스도 예수 안에서 하나
님의 자녀들입니다. 여러분은 모두 세례를 받아 그리스도와 하나
가 되고, 그리스도를 옷으로 입은 사람들이기 때문입니다. 여기에
는 유대 사람도 헬라 사람도 없으며, 노예도 자유인도 없으며, 남자
와 여자가 없습니다. 여러분 모두가 그리스도 예수 안에서 하나이

기 때문입니다."(「갈라디아서」, 3장 28절)

이처럼 바울의 칭의론은 출신이나 신분, 성별 등에 따른 차별을 넘어서려는 사회적이고 윤리적인 차원을 포함하고 있었다. 남자가 여자보다 우월한 존재인가? 여자를 지배하는 존재인가? 그렇지 않다. 남편은 아내에 대해 자신을 강요할 수 없고, 아내 역시 남편에 대해 자신을 강요할 수 없다(「고린도전서」, 7장). 바울이 있던 공동체들에서는 유대교와 달리 남성과 여성이 함께 예배를 드렸으며, 여성들이 지도자도 되고 설교도 맡았다. 노예 제도가 당연시되던 당시에 바울은 노예 주인인 빌레몬에게 편지를 써서 더 이상 오네시모를 노예가 아니라 똑같은 형제로 대할 것을 권유한다. 그리스도 안에서는 더 이상 노예도 상전도 존재하지 않기 때문이다(「빌레몬서」).

이는 예수의 가르침과 정확하게 일치한다. 예수는 유대인들이 율법을 잘못 적용하여 이방인, 장애인, 여성, 세리 등을 차별하던 당시의 관행에 대해 강하게 비판한 바 있었다. 바울 또한 율법을 소유한 유대인들만 구원받을 수 있다는 유대인들의 통념을 비판하고 있는 것이다. 바울은 유대인이든 이방인이든 누구라도 예수 그리스도를 믿음으로써 하나님으로부터 정의롭다고 인정받을 수 있다 하였다. 그러면 누가 과연 예수 그리스도에 대한 참된 믿음을 가진 자인가? 바로 예수의 가르침과 삶을 따르고자 하는 자이다. 그것이 바울이 말하는 칭의론이다. 따라서 루터의 이신칭의론은 믿음을 개인의 내면적인 차원으로만 규정함으로써 구원 또한 개인적 구원으로 축소시켰을 뿐만 아니라, 구원의 사회적이고 윤리적인 차원을 고려하지 못한 한계를 갖고 있었다고 하겠다.

약한 자에 대한 배려
: "모든 것이 허용되지만 모든 것이 다 유익한 것은 아니다."

「로마서」 14장과 15장의 '강한 자'와 '약한 자'의 대립은 유대 그리스도인들의 귀환 이후 발생한 사정을 그 배경으로 하고 있다. 기원후 49년 클라우디우스의 유대인 추방령 이전까지는 로마 공동체 내에서 유대파 그리스도인들이 다수를 차지하고 있었고 헬라파는 소수에 불과하였다. 하지만 로마에서 유대인들과 그리스도인들 간의 충돌과 소요 사태가 빈발하자 클라우디우스 황제는 유대인들을 로마로부터 모두 추방하라는 칙령을 내리게 된다.

이로 인해 로마 공동체 구성원에 일정한 변화가 일어났다. 추방령 이후 로마에 남아 있던 헬라파 그리스도인들은 로마 공동체 내에서 자연스럽게 주류를 형성하게 되었는데, 그러면서 유대파 그리스도인들이 중시하던 안식일 조항이나 식사법 등에 대해서도 더이상 지킬 필요가 없는 것으로 취급하였던 것이다. 그런데 기원후 54년 클라우디우스의 죽음과 네로 황제의 등극으로 유대인 추방령이 취소되며 유대파 그리스도인들이 다시 로마로 귀환하자, 이때부터 헬라파 그리스도인과 유대파 그리스도인 간의 갈등이 또다시 빈번하게 발생하기 시작하였다.

로마로 귀환한 유대파 그리스도인들은 추방령 이전과 달리 로마 공동체 내에서 비주류로 남게 되었다. 유대파가 기존의 헬라파 그리스도인들과 갈등을 빚은 주된 요인은 유대교 율법의 할례나 식사법과 관련된 것이었다. 「로마서」 14장과 15장에 나오는 '약한 자'에 대한 바울의 묘사를 살펴보면 그들이 유대인들의 정결 조항에 입각해서 엄격하게 생활하고 있음을 볼 수 있다. 고기나 포도주를 입에 대지 않으며 단지 야채만을 먹고, 또한 어떤 특정한 날(안식일)을 정하여 지켰다(「로마서」, 14장 1-6절). 이는 유대인들이라면 당연히 준수해야 할 정결법과 안식일 조항에 해당하는 것이었고, 당시 로마에서 유대인들의 정결법과 안식일 준수는 유대인과 비유대인을 구별하는 가장 중요한 기준이었다.

반면, '강한 자'들은 이러한 조항을 불필요한 것으로 여기며 고기와 포도주를 아무 거리낌 없이 먹었다. 안식일을 정하여 지키지도 않았다. 더 이상 전통적인 유대 율법에 얽매일 필요가 없다고 여겼던 것이다. 여기서 바울은 원칙적으로는 '강한 자'의 견해를 더 타당한 것으로 보는 입장에 서 있었다. 하지만 그렇다고 해서 '약한 자'들의 생활 방식 전체를 무시해서는 안 된다는 점을 강조한다. "믿음이 강한 우리는 믿음이 약한 사람들의 약점을 돌보아 주어야 합니다. 우리는 자기에게 좋을 대로만 해서는 안 됩니다. 우리는 저마다 자기 이웃의 마음에 들게 행동하면서, 유익을 주고 덕을 세워야 합니다."(「로마서」, 15장 1-2절) '강한 자'의 견해가 타당하다고 해서 이를 무조건 두둔하기보다는, '약한 자'에 대한 배려가 훨씬 중요한 공동체의 덕목임을 말하고 있는 것이다.

로마 공동체와 유사한 갈등이 고린도 공동체 내에서 발생한 적이 있었다. 율법의 정통성을 강조하던 유대파 그리스도인과는 달리, 고린도 공동체에는 더 이상 율법에 얽매일 필요가 없고 모든 것이 다 허용된다고 주장하는 사람들이 나타났다. 이들은 극단적인 열광주의자들로서, 스스로 '뛰어나다고' 으스대던 사람들이었다(「고린도후서」, 11장 5절). 각종 방언과 병 고침 등의 행위를 과시하는가 하면, 어떤 여성들은 예배 시에 머릿수건도 쓰지 않은 채 예언을 하기도 했다. 당시 헬라 문화권의 여성들이라면 누구나 머리에 수건을 쓰는 것이 일반적인 관습이었고, 수건을 쓰지 않는 것은 매우 무례하고 부끄러운 행위로 간주되었다. 따라서 고린도 공동체의 여성들이 머릿수건을 쓰지 않는 것은 상당한 논란거리가 되기에 충분했던 것이다.

여기서 바울은 그들이 공동체 안에서 '약한 사람들'을 전혀 배려하지 않는다고 비판했다. 이방 제사에 사용된 음식을 멀리하던 사람들 앞에서 아무런 거리낌 없이 그것들을 먹었고, 돈 많은 사람들끼리 어울려 좋은 음식들을 먹으면서 가난한 사람들을 위축시켰다. 그들의 주장은 이러했다. "모든 것이 허용되어 있지 않은가." 하지만 바울의 생각은 달랐다. 모든 것이 허용되더라도 자신은 이를 스스로 삼간다고 하였다. 모든 것이 허용된다고 하더라도 모두 다 유익한 것이 아니며, 더군다나 공동체의 덕을 세우는 것도 아니기 때문이다(「고린도전서」, 10장 23절). 바울은 '스스로 으스대던 사람들'과 마찬가지로 자신도 양심에 따라 아무것에도 거리낌 없이 먹을 수 있지만 약자에게 걸림돌이 된다면 스스로 삼갈 것이라고 밝힌다. "음식을 먹지 않는다고 해서 손해 볼 것도 없고, 먹는다고 해서 이로울 것도 없습니다. 그러나 여러분에게 있는 이 자유가 약한 사람들에게 걸림돌이 되지 않도록 조심하십시오. […] 음식이 내 형제를 걸어서 넘어지게 하는 것이라면, 그가 걸려서 넘어지지 않게 하기 위해서, 나는 평생 고기를 먹지 않겠습니다."(「고린도전서」, 8장 7-13절) 바울은 강한 사람이 자신을 과시하며 약한 사람을 무시한다면 하나님은 약한 사람의 편에 서서 강한 사람을 부끄럽게 하실 것이며, 마찬가지로 스스로 지혜롭다고 하면서 자신을 과시한다면 하나님께서는 도리어 어리석은 사람의 편에 서서 그를 부끄럽게 하실 것이라고 말한다. 따라서 자기가 무엇을 안다고 생각하는 사람은 오히려 마땅히 알아야 할 것을 아직 알지 못하는 사람에 불과할 따름이다(「고린도전서」, 8장 2절).

> "하나님께서는, 지혜 있는 자들을 부끄럽게 하시려고 세상의 어리석은 것들을 택하셨으며, 강한 것들을 부끄럽게 하시려고 세상의 약한 것들을 택하셨습니다. 하나님께서는 세상에서 비천한 것들과 멸시받는 것들을 택하셨으니 곧 잘났다고 하는 것들을 없애시려고 아무것도 아닌 것들을 택하셨습니다. 이리하여 아무도 하나님 앞에서는 자랑하지 못하게 하시려는 것입니다."(「고린도전서」, 1장 28-29절)

흔히 오독되는 것처럼 위의 본문은 바울이 지혜로운 자들을 비판하면서 반지성적 태도를 옹호하려는 의도에서 쓰인 것일까? 강한 것을 부끄럽게 하고자 약한 것을 택하셨다는 표현은, 니체의 말처럼 강자를 비난함으로써 약자의 무조건적 선함을 강변하는, 일종의 노예도덕을 주장한 것이 아닐까? 하지만 위의 구절의 핵심은 맨 뒤에 나오는 '자랑하지 못하게 하시려는 것'이라는 표현에 있다. 각자의 신분, 지적 수준이나 재능의 차이 등은 전혀 문제가 되지 않는다. 오히려 그것을 자랑하면서 다른 사람을 차별하고 무시하는 수단으로 삼는 것이 진짜 문제라는 것이다. 바울에게서 음식도, 지혜도, 율법도 그 자체로 나쁘거나 좋은 것은 아니다. '지혜'로 누군가를 무시하거나 '강한 자'들이 음식으로 '약자'를 소외되도록 만든다면, 하나님께서는 도리어 그러한 '지혜'나 '강한 자'를 부끄럽게 만드시리라는 것이다. 그래서 바울은 하나님이 '아무것도 아닌 자들', 다시 말해 그 무엇도 내세울 것이 없어서 다른 사람들을 차별할 수조차 없는 보잘것없는 이들을 택하셨다고 말한다.

바울이 율법에 대해 비판할 때도 주로 할례나 식사법, 안식일 준수 등과 같은 조항들을 향했다는 점에 유념할 필요가 있다. 유대파 그리스도인들이 율법을 자신들의 정체성과 우월함을 보증하는 수단으로 삼으면서 헬라파 그리스도인들에게 그것을 지키도록 강요했기 때문에 이를 맹렬히 비판했던 것이다. 「갈라디아서」와 「로마서」에서 율법에 대한 바울의 태도가 상반된 것도 그러한 이유에서다.

「갈라디아서」에서 바울은 율법 준수와 할례, 정결 의식 등을 강조하는 유대파 그리스도인들을 향해 매우 강경한 태도를 취한다. 그들은 예루살렘 공동체의 입장만을 대변하면서 바울의 자격을 문제 삼았는데, 진정한 사도들은 본래 율법을 준수하는 자들이므로 진정한 그리스도인이라면 역시 율법을 지켜야 한다고 주장하였다.

이로 인해 갈라디아 공동체의 유대파와 헬라파 그리스도들 사이에서 적잖은 내분과 갈등이 일어나게 된다. 바울은 이들에 대해 '거짓 형제들'(「갈라디아서」, 2장 4절)이라며 매우 격렬하게 비난했는데, 참다못한 그는 평정을 잃고 폭언을 서슴지 않는다. 그저 육신만 잘라 낸 사람들(손할례당), 행악하는 자들, 심지어 그들을 가리켜 '개들'이라고 욕할 뿐만 아니라(「빌립보서」, 3장 2절) "할례를 가지고 여러분을 선동하는 사람들은, 차라리 자기의 그 지체를 잘라 버리는 것이 좋겠습니다"라는 극언을 하기도 했다(「갈라디아서」, 5장 12절).

반면, 로마서에서 바울은 율법에 대해 훨씬 완화된 태도를 취하고 있다. 다수를 점하는 헬라파 그리스도인들이 소수에 불과한 유대파 그리스도인을 무시하는 상황이었기 때문이다. 그가 로마서 안에서 율법에 대해 양가적인 태도를 취하는 것도 이런 이유에서였다. 한편으로 율법의 완성과 종결을 선언하기도 하고, 다른 한편으로 자신은 율법을 폐하는 것이 아니라 오히려 굳건히 세운다는 점을 강조하기도 한다. 그는 자신의 출신 배경을 의심하는 사람들에게 "나는 난 지 여드레만에 할례를 받았고, 이스라엘 민족 가운데서도 베냐민 지파요, 히브리 사람 가운데서도 히브리 사람이요, 율법으로는 바리새파 사람"이라는 점을 밝히고 있다(「빌립보서」, 3장 5절). 자신이 반유대적 성향을 지닌 사람이 아님을 적극적으로 보여주려는 것이었다.

우리가 바울에게서 만나는 것은 모든 상황에 언제나 동일하게 적용되는 보편적이고 일반적인 도덕 규범이 아니다. 그보다는 특정한 상황에서 서로를 북돋우고 배려하는 방안을 모색하는, 즉 공동체적 관계의 규칙으로서의 윤리인 것이다. 바울에게는 하나님 이외의 그 어떤 것도 절대적으로 선하거나 악하지 않았다. 그리스도의 몸으로서의 공동체를 세워 가는 데 있어서 율법도, 음식도, 지혜도 모두 허용되지만 언제나 유익한 것은 아니기 때문이다. 그것이 무엇이든 누군가를 무시하거나 차별하여 공동체적 관계를 깨뜨린다면 이를 고집할 아무런 이유가 없었다. 그것이 바울에게는 그리스도를 아는 지식이었다. 따라서 바울은 할례당이 자랑하는 유대 전통도, 그들이 자랑해 마지않는 바리새파라는 출신도 차라리 배설물보다 못한 것일 따름이라고 말한다(「빌립보서」, 3장 8절).

공동체의 구성 원리로서의 '카리스마'

바울에게서 공동체의 구성 원리는 출신이나 제도적인 위계질서에 의해서가 아니라, 각자가 지니고 있는 카리스마(선물)Charisma에 근거한다. 원래 '카리스마'란 흔히 알려진 것처럼 어떤 초자연적인 신통력을 가리키는 것이 아니다. 모든 사람에게는 하나님께서 주신 카리스마(선물, 은총, 은사), 즉 고유한 능력과 재능이 있다. 그리스도의 공동체는 이러한 카리스마의 다양함에 의해, 그리고 다양한 카리스마들이 함께함으로써 성립된다.

"하나님께서 우리에게 주신 은혜를 따라, 우리는 저마다 다른 신령한 선물(카리스마)을 가지고 있습니다. 가령, 그것이 예언이면 믿음의 정도에 맞게 예언할 것이요, 섬기는 일이면 섬기는 일에 힘써야 합니다. 또 가르치는 사람이면 가르치는 일에, 권면하는 사람이면

권면하는 일에 힘쓸 것이요, 나누어 주는 사람은 순수한 마음으로, 지도하는 사람은 열성으로, 자선을 베푸는 사람은 기쁜 마음으로 해야 합니다."(「로마서」, 12장 6-8절)

바울은 저마다의 장점이나 강점이 억제되지 않으면서도, 그것이 공동체 안에서 새로운 차별로 이어지지 않는 공동체를 추구했다. 각자의 능력을 비교하여 그것을 서열화하는 것은 결국 차별을 낳으며, 이러한 관계에서는 누군가의 장점이 다른 누군가의 단점을 공격하는 수단이 되고 만다. 반대로, 저마다의 차이를 존중하면서 각자가 지닌 능력을 서로 북돋우는 관계에서는 단점조차도 장점으로 변화한다. '차이'와 '타자'에 관한 바울의 새로운 윤리적 관점을 잘 보여 주는 본문이 바로 흔히 '사랑 장'으로 알려진 「고린도전서」 13장이다. 누구든 예언을 하거나 병을 고치거나 각자가 지닌 장점과 능력은 그 자체로 축복이고 좋은 것이다. 바울은 이를 악기 연주에 비유한다. 서로 다른 음색의 악기들이 함께 어울릴 때 각각의 악기는 비로소 고유한 소리를 내면서 돋보이게 된다. "피리나 거문고같이 생명이 없는 악기도, 음색이 각각 다른 소리를 내지 않으면, 피리를 부는 것인지, 수금을 타는 것인지, 어떻게 알 수 있겠습니까?"(「고린도전서」, 14장 7절)

그런데 각자의 능력과 차이는 사랑에 의해서 그 진가를 발휘할 수 있다. "내가 사람의 모든 말과 천사의 말을 할 수 있을지라도, 내게 사랑이 없으면, 울리는 징이나 요란한 꽹과리가 될 뿐입니다."(「고린도전서」, 13장 1절) 바울에게서 각자의 차이, 즉 하나님이 주신 은사(카리스마)는 베버의 해석처럼 어떤 질서나 권위로 기능하지 않는다. 그것은 어떤 직책이나 지위도 아니며, 카리스마 간의 우열 또한 존재하지 않는다. 어떤 특정한 카리스마가 다른 카리스마보다 우월하다고 볼 수도 없다. 바울에게서 카리스마란 특정한 '행위들'로 표현된다. 고린도 공동체의 경우, 예언, 병 고침 등의 카리스마를 지닌 사람들이 주목을 받았지만, 그들은 이를 자신들의 명망과 권력을 얻는 데 사용하였다. 이 때문에 바울은 그들의 카리스마가 그저 혼자 울리는 꽹과리에 불과하다고 비판한 것이다. 카리스마는 그것이 공동체 안에서 어떻게 작동하는가에 따라 다른 의미를 갖게 된다.

바울은 저마다의 능력과 재능을 자유롭게 표현하면서도, 그것이 공동체 안에서 개인의 자랑이나 권력의 수단이 되지 않기를 원했다. 저마다의 다양한 카리스마는 공동체를 형성하는 원동력이 된다. 서로 다른 카리스마를 지닌 사람들이 한데 모이는 공동체는 그 구성원들이 결합되는 양상에 따라 각기 다른 성격을 갖는 공동체를 구성한다. 바울은 공동체 안에서 개인의 장점과 재능을 자유롭게 표현하면서도 그 차이들이 함께 어우러지면서 한 몸을 이루는 새로운 방식의 공동체를 희망했다. 그것이 그리스도인들의 공동체, 즉 그리스도의 몸으로서의 공동체가 지향할 이상적인 모습이었다.

4. 하나님의 나라와 로마 제국

복음서에서와 달리, 바울의 문헌에서는 예수의 행적이나 하나님의 나라에 관한 내용이 거의 등장하지 않는다. 그보다는 예수의 십자가와 부활 속에서 성취된 하나님의 보편적 구원을 강조하고 있음을 볼 수 있다. 이러한 복음서와 바울 문헌 사이의 단절에 대해 신학자 하르낙Harnack은 복음의 헬레니즘화에 따른 변질로 평가했다. 단순하고도 실천적인 윤리를 담고 있던 예수의 가르침이 헬라적 영향으로부터 자유롭지 못한 바울을 거치면서 교리적이고 내세적인 종교로 점차 바뀌게 되었다는 것이다.[6] 니체의 바울 평가 역시 이러한 관점과 무관하지 않다. 그는 바울을 예수의 혁명적 윤리를 내세의 구원 교리로 환원시키고 원죄 교리를 심어 준 장본인으로 지목했다. 마르크스주의적 정치신학자들도 바울이 예수의 복음이 갖는 사회적 측면을 제거하고 내면의 세계 안에 가두어 버렸다고 비판했다. 복음서와 바울 문헌은 서로 양립될 수 없이 남은 것처럼 보인다.

하지만 이는 유대 출신 그리스도인들을 주된 독자층으로 삼았던 복음서와 디아스포라 출신 그리스도인을 주된 독자층으로 갖던 바울 문헌 간의 차이를 간과한 평가라 할 수 있다. 사실 하나님의 나라라는 개념은 디아스포라 지역의 헬라파 그리스도인에게 매우 생

---

6 아돌프 폰 하르낙, 『기독교의 본질』, 오흥명 옮김, 한들출판사, 2007, 164-169쪽.

소한 것이었다. 바울은 유대 민족주의적 뉘앙스가 담겨 있는 '하나님의 나라'라는 용어가 이방인들에게 배타적인 의미로 받아들여질 것을 우려했던 것으로 보인다.[7] 바울에게서 하나님의 나라는 보편적이고 우주적인, 그리고 종말론적인 것으로 확장되었다. 또한, 디아스포라 공동체가 당면한 문제들과 관련해서 하나님의 나라가 제시되었다. 즉, 바울은 헬라파 그리스도인들을 훈계하면서 하나님의 나라가 어떤 것을 먹고 마시느냐와 관련된 것이 아니라, 성령 안에서 누리는 의와 평화와 기쁨 안에 있다는 점을 강조한다(「로마서」, 14장 17절).

또한, 바울은 '하나님의 나라'라는 표현이 로마 제국의 통치 아래 있는 디아스포라 지역에서 일종의 정치적 용어로 받아들여질 것을 부담스러워했던 것으로 보인다.[8] 이러한 맥락에서 「로마서」 13장 1-7절이 의미하는 바를 살펴볼 수 있다. 이 구절은 그간 지배 체제에 대항하지 말고 순응하도록 권유하는 악명 높은 구절로 받아들여져 왔다. 바울은 로마 제국에 대해 저항하기보다는 복종할 것을 주장한다. "사람은 누구나 위에 있는 권세에 복종해야 합니다. 모든 권세는 하나님께로부터 온 것이며, 이미 있는 권세들도 하나님께서 세워 주신 것입니다. 그러므로 권세를 거역하는 사람은 하나님의 명을 거역하는 것이요, 거역하는 사람은 심판을 받게 될 것입

---

7 정승우, 『로마서의 예수와 바울—로마서 사회학적 해석』, 이레서원, 2008, 177-180쪽.
8 앞의 책, 184쪽.

니다."(「로마서」, 13장 1-2절)

그렇다면 로마 제국도 하나님이 세우신 것이므로 무조건 복종해야 하는 것일까? 바울의 이러한 언급은 국가 권력에 대한 원론적인 입장을 표명함과 동시에, 로마의 그리스도인들에게 보다 현실적인 선택을 제안했던 것으로 보인다. 국가를 비롯한 모든 사회제도는 하나님께서 인간에게 주신 선물로서 하나님께 그 기원을 두고 있다. 따라서 하나님의 뜻에 맞게 온전히 운영되는 제도라면 이를 따르는 것이 옳다. 하지만 불의한 로마 권력에 대해서는 어찌해야 할 것인가? 바울은 바로 앞 절에서 "악으로 악을 이기지 말고 선으로 악을 이기라"고 권면한다(「로마서」, 12장 21절). 악한 권력에 대해 폭력적으로 저항하는 것은 명백히 한계가 있을 뿐만 아니라 자멸적인 선택일 수 있다. 당시의 많은 그리스도인이 그랬던 것처럼 바울은 로마 제국의 종말이 곧 임박한 것으로 믿고 있었다. 로마의 반유대인 정서와 함께 당국의 유대인에 대한 탄압이 더 거세질수록, 로마에 대한 그리스도인들의 적대감 또한 팽배해져 갔다. 이러한 상황에서 무리하게 로마에 저항하는 것은 다름 아닌 자멸을 의미할 따름이었다. 바울에게는 임박한 종말을 앞둔 시점에서 로마의 공동체가 존속될 수 있도록 하는 현실적인 선택이 더 중요했으리라는 것이다.

바울은 로마가 아닌 다른 지역의 공동체에게 보낸 서한에서는 '이 세상의 통치자들'에 대해 분명한 입장을 나타낸다. 그는 세상의 권력자들을 "불의한 자들"이라고 규정한다(「고린도전서」, 6장 1절). "우리는 비밀로 감추어져 있는 하나님의 지혜를 말합니다. […] 이 세상 통치자들 가운데는, 이 지혜를 아는 사람이 하나도 없습니다. 그들이 알았더라면, 영광의 주님을 십자가에 못 박지 않았을 것입니다."(2장 6-8절) 키리오스(주님)라는 표현은 본래 황제에게 적용되던 용어였는데, 바울은 이를 예수에게 적용하면서 그리스도인들에게 진정한 키리오스는 황제가 아니라 예수 그리스도 한 분뿐이라고 거듭 밝힌다. 또한 훗날에 있을 예수 그리스도의 도래(파루시아)는 로마 황제의 방문(파루시아)과 달리 그리스도를 따르는 모든 사람들을 해방시키리라고 말한다. 그것이야말로 진정한 기쁜 소식(유앙겔리온), 곧 복음이다. 이는 황제가 전해 주던 승전보 등을 지칭하던 기쁜 소식(유앙겔리온)과 전혀 차원을 달리하는 의미로 사용되고 있다.[9]

바울은 로마 제국이 선전하던 '평화와 안전'이 허상에 불과하다는 점을 지적했다. 그 시기와 때는 정확히 말할 수 없지만, 그날에는 로마 제국에 의한 '평화와 안전'이 그리스도에 의해 완전히 파멸되고 말 것이다. "주님의 날이 밤에 도둑처럼 온다는 것을, 여러분은 자세히 알고 있습니다. 사람들이 '평안하다, 안전하다' 하고 말할 그때에, 아기를 밴 여인에게 해산의 진통이 오는 것과 같이, 갑자기 멸망이 그들에게 닥칠 것이니, 그것을 피하지 못할 것입니다."(「데살로니가전서」, 5장 1-3절) 바울은 이제 세상에 로마 제국의 평화Pax Ro-

---

9   헬무트 쾨스터, 「데살로니가전서에서의 제국주의 이데올로기와 바울의 종말론」, 리처드 A. 호슬리 편집, 『바울과 로마제국—로마 제국주의 사회의 종교와 권력』, 홍성철 옮김, 기독교문서선교회, 2007, 241-252쪽 참조.

mana가 아니라 그리스도에 의한 평화Pax Christi가 이룩될 것으로 기대한다.[10] 인간이 세워 놓은 경계는 철폐되고 모든 원한과 질시 또한 사라짐으로써 모두가 평화롭게 살아가는 세상이 될 것이다. 그리스도로 인해 새로워진 인간과 새로운 평화의 세상이 도래하리라는 것이다. 바울의 하나님의 나라에 대한 언급이나 로마 제국에 대한 언급은 매우 조심스럽고 소극적이다. 하지만 그는 당시 황제에게 적용되던 용어들(키리오스, 파루시아, 유앙겔리온 등)에 새로운 의미를 불어넣으면서 유대 민족주의적인 뉘앙스의 하나님의 나라 개념과는 다른 현실적 전망을 찾고 있었다.

5. 새로운 피조물, 혹은 메시아적 삶

바울에게 유대파 그리스도인이냐, 헬라파 그리스도인이냐 하는 점은 전혀 중요하지 않았다. 율법을 가진 유대 사람이나, 지혜를 추구하는 헬라 사람이나 모두가 나약한 육신의 본성에 따라 살아가고 있다는 점이 더 중요한 문제였다. 우리 육신의 나약하고도 이기적인 본성이 우리를 죄의 법에 이끌리고 죄의 노예로 살도록 만든다는 것이다. "나는 속사람으로는 하나님의 법을 즐거워하나, 내 지체

---

10 디터 게오르기, 「로마 제국주의의 이데올로기를 전복시킨 복음」, 앞의 책, 225-240쪽 참조.

속에는 다른 법이 있어서 내 마음의 법과 맞서서 싸우고, 내 지체 속에 있는 죄의 법에다 나를 사로잡는 것을 봅니다."(「로마서」, 7장 23절)

바울에게 인간이라는 존재는 유대파도 헬라파도 아니다. 죄의 법과 하나님의 법 사이에서 끊임없이 분열하며 흔들리는 존재다. 바울은 자신의 힘만으로는 도무지 어쩔 수 없었다고 탄식한다. "아, 나는 비참한 사람입니다. 누가 이 죽음의 몸에서 나를 건져 주겠습니까?"(7장 24절) 이러한 탄식은 아우구스티누스가 『고백록』의 첫 장에서 고백한 표현과 다르지 않다. "당신은 우리를 당신을 향하여 살도록 창조하셨으므로 우리 마음이 당신 안에서 안식할 때까지는 편안하지 않습니다."[11]

바울이 다메섹에서 예수를 만난 후에 깨닫게 된 것은, 세상의 질서에 의해 규정되었던 옛 사람에서 벗어나 새로운 존재로 다시 태어나야 한다는 점이었다. 세상의 질서 아래서 죄의 노예가 되었던 옛 사람은 이미 죽었고, 그리스도에 의해서 다시금 새로운 삶을 부여받게 될 것이다(6장 11절). 바울은 이를 "새로운 피조물"이라고 부른다. 예수 그리스도와 하나가 되어 그를 철저히 따르는 삶을 살아감으로써 옛 사람에서 벗어나 새로운 사람으로 거듭나게 된다는 것이다. "누구든지 그리스도 안에 있으면, 그는 새로운 피조물입니다. 옛것은 지나갔습니다. 보십시오, 새것이 되었습니다."(「고린도후

---

11 아우구스티누스, 『성어거스틴의 고백록』, 선한용 옮김, 대한기독교서회, 2003, 45쪽.

서」, 5장 17절)

이후로 바울은 인간의 경계를 획정하던 많은 것들을 의문에 부친다. 그는 하나님 앞에서 자신이 바리새파 유대인이라는 점을 더 이상 내세울 수 없으며, 더 나아가 유대인과 헬라인, 자유인과 노예, 남자와 여자를 가르던 현실의 경계란 정말로 하찮은 것에 불과함을 깨달았다. "여러분은 옛 사람을 그 행실과 함께 벗어 버리고, 새 사람을 입으십시오. 이 새 사람은 자기를 창조하신 분의 형상을 따라 끊임없이 새로워져서, 참 지식에 이르게 됩니다. 거기에는 그리스인과 유대인도, 할례 받은 자와 할례 받지 않은 자도, 야만인도 스구디아인도, 노예도 자유인도 없습니다. 오직 그리스도만이 모든 것이며, 모든 것 안에 계십니다."(「골로새서」, 3장 9-11절)

현실의 경계를 넘어서 새로운 사람으로 살아간다는 것은 무엇을 의미하는가? 새롭게 거듭난 사람들은 기존의 경계 안에 더 이상 머물러 있지 않으며, 따라서 옛 경계로부터 도피할 필요조차 없게 되었다. 옛 사람을 규정하던 현실의 경계가 더 이상 그들을 지배하지 못하기 때문이다. 그래서 바울은 사람들에게 노예는 노예인 채로, 자유인은 자유인인 채로 그대로 머물러 있으라고 말한다. 그리스도인의 삶을 규정하는 것은 더 이상 어떤 신분이나 직업, 혈통이 아니라 예수 그리스도를 따르는 삶일 뿐이기 때문이다.

"각 사람은, 주님께서 나누어 주신 그대로, 하나님께서 부르신 그대로 살아가십시오. […] 할례를 받은 몸으로 부르심을 받은 사람은 굳이 그 할례 받은 흔적을 지우려고 하지 마십시오. 할례를 받지 아니한 처지에서 부르심을 받은 사람은 굳이 할례를 받으려고 하지 마십시오. 할례를 받은 것이나 안 받은 것이나, 그것은 문제가 아니고, 하나님의 계명을 지키는 것이 중요합니다. 각 사람은 부르심을 받은 그때의 처지에 그대로 머물러 있으십시오. 노예일 때에 부르심을 받았습니까? 그런 것에 마음 쓰지 마십시오. […] 여러분은 하나님께서 값을 치르고 사신 사람입니다. 그러므로 사람의 노예가 되지 마십시오. 형제자매 여러분, 각각 부르심을 받은 그때의 처지에 그대로 있으면서 하나님과 함께 살아가십시오."(「고린도전서」, 7장 17-23절)

옛 처지에 그대로 있으면서 하나님과 함께 살아가라는 것. 그것은 바울에게 현실을 있는 그대로 받아들이거나 반대로 부정 또는 회피하는 삶이 아니었다. 오히려 현실 한가운데서 예수처럼 살아가는 것, 즉 메시아적 삶을 살아가는 것을 뜻했다. 세속과 분리되지 않으면서도 동시에 세속에 속하지 않는 삶을 살아가는 것 말이다. 메시아적 삶을 살아가는 것은 인간이 세운 모든 권력과 질서, 가치를 의문에 부치면서 예수가 추구한 신적 질서와 가치를 급진적으로 실천하는 삶을 가리킨다. 그리스도인의 공동체, 즉 교회는 이러한 메시아적 삶을 실천하는 공동체여야 했다.

메시아의 사람들, 즉 그리스도인들은 메시아적 삶을 살아가기에 그들은 단지 역설적으로만 규정될 수 있다. 불가능한 것을 실천하는, 즉 불가능성의 가능성이라는 역설적 삶을 살아가는 사람들인 것이다. 그렇기에 매우 어리석고 무모한 삶이기도 하다. 이러한 아무엇도 아닌 삶, 케노시스kenosis, 비움과 낮아짐의 실천을 통해서만 메시아적 삶에 조금씩 가까이 다가설 수 있다. "우리는 (사람들이 보기에) 속이는 사람과 같으나 진실하고, 이름 없는 사람과 같으나 유명하고, 죽은 사람과 같으나, 보십시오, 살아 있습니다. 징벌을 받는 사람과 같으나 죽임을 당하는 데까지는 이르지 않고, 근심하는 사람과 같으나 항상 기뻐하고, 가난한 사람과 같으나 많은 사람을 부요하게 하고, 아무것도 가지지 않은 사람과 같으나 모든 것을 가진 사람입니다."(「고린도후서」, 6장 8-10절)

바울은 다른 어떤 것에도 얽매이지 않고 살아갈 수 있었기에, 모든 사람에게 모든 종류의 사람으로 될 수 있었다고 말한다. 현실이 규정하는 경계가 그에게 아무런 지배력을 갖지 못했던 탓이다. 그것은 메시아적 삶을 위한 방편에 불과할 따름이었다. "나는 어느 누구에게도 얽매이지 않은 자유로운 몸이지만, 많은 사람을 얻으려고, 스스로 모든 사람의 종이 되었습니다. 유대 사람들에게는, 내가 유대 사람을 얻으려고, 유대 사람과 같이 되었습니다. […] 율법이 없이 사는 사람들에게는, […] 율법이 없이 사는 사람과 같이 되었습니다. 믿음이 약한 사람들에게는, 내가 약한 사람들을 얻으려고, 약한 사람이 되었습니다. 나는, 모든 사람에게 모든 모양의 인물이 되었습니다."(9장 19-22절)

바울은 세상의 모든 것들이 사라져 가고 있음을 잘 알고 있었다. 따라서 그는 인간이 만든 온갖 경계들이 세워 놓은 틀 안에 갇혀 살아가기를 원치 않았다. 물론 바울의 기대처럼 현실의 모든 경계를 소멸시키는 종말은 곧바로 실현되지 않았다. 하지만 경계를 넘

어선 새로운 삶, 새로운 존재 속에서 그는 인간에게 주어질 구원을
내다보고 있었다.

"때가 얼마 남지 않았으니, 이제부터는 아내 있는 사람은 없는 사람
처럼 하고, 우는 사람은 울지 않는 사람처럼 하고, 기쁜 사람은 기
쁘지 않은 사람처럼 하고, 무엇을 산 사람은 그것을 가지고 있지 않
은 사람처럼 하고, 세상을 이용하는 사람은 그렇게 하지 않는 사람
처럼 하십시오. 이 세상의 모습은 사라져 버리기 때문입니다."(「고
린도전서」, 7장 29-31절)

3부

탈신성화의 정치신학

6장

근대 국가론에 대한 비판으로서의 정치신학

1. 근대 국가론, 그리고 홉스를 다시 불러낸 슈미트

근대 이후로 우리는 이전과 전혀 다른 국가 개념을 갖게 되었다. 중세까지 국가란 신에 의해 만들어진 자연 질서의 바탕 위에 세워진 것으로, 비록 교회의 견제를 받는 세속 권력이라 하더라도 신의 왕국과의 관계 속에서 그 정당성을 부여받을 수 있었다. 즉, 신이 세상을 창조하고 다스리는 것처럼, 왕은 신의 섭리를 실현하기 위해 세속의 영역에서 국가 통치를 위임받게 된다는 것이다. 17세기 절대주의 왕정 시절에는 국왕의 권위가 신으로부터 직접 주어진 것이라는 왕권신수설이 주장되기도 했다. 국가란 본래부터 신성한 기원을 갖는다는 것이 중세까지 이어져 내려오던 국가에 대한 일반적 통념이었다.

하지만 홉스의 국가 개념은 이러한 중세적 관념에 정면으로 도전하였다. 국가란 결코 신성한 기원을 갖지 않으며 오히려 만인의 만인에 대한 전쟁을 저지하기 위해 만들어진 지극히 인위적인 산물에 불과하다는 것이었다. 국가는 사회의 안전을 지키기 위해 사람들에게 강력한 폭력을 행사하도록 허용된 지극히 세속적인 수단일 따름이라는 것이다.

홉스는 인간에 대해서도 기존의 전통적인 관점과는 다른 시각으로 바라보았다. 먼저, 전통적인 자연법 사상을 보자면 세상에 있는 모든 존재들은 나름의 고유한 본성을 가지고 있으며, 그러한 본성을 실현하는 것이 자신의 존재 목적이라 할 수 있다. 인간은 다른 존재들과 달리 이성을 지닌 존재로서, 이성에 맞게 살아가는 것이 자신의 본성에 부합한다. 또한, 인간은 사회를 이루어 살아가려는 본성을 지니고 있으며, 따라서 사회 안에서 시민의 의무를 충실히 잘 지키며 살아가는 것이 필요하다. 그러나 모든 사람이 이러한 시민의 의무를 잘 알고 있는 것은 아니다. 현자의 가르침에 따라 각자에게 어울리는 삶을 깨닫고 시민으로서의 의무를 충실히 지키며 살아갈 때, 비로소 훌륭한 삶을 살아갈 수 있다.

하지만 홉스가 보기에 현실의 인간은 이성에 따라 살아가는 존재가 결코 아니었다. 오히려 자신의 생존을 유지하려는 본능과 충동에 따르는 존재에 더 가까웠다. 인간은 자신의 존재를 보존하기 위해 모든 노력(코나투스)을 다하며, 자신과 맺는 다양한 관계 속에서 온갖 정념들의 지배 아래 살아가는 욕망의 존재였다. 하지만 저마다 자신의 욕망을 실현하고자 분투할 때 타인의 권리를 침해하는 상황에 놓일 수밖에 없으며, 이로 인해 만인의 만인에 대한 전쟁은 피할 수 없게 된다. 따라서 이러한 전쟁상태로부터 평화로 이행하기 위해서는 자연으로부터 부여받은 각자의 권리(자연권)를 강제로 포기시키는 수밖에 없다. 여기서 홉스는 각자의 권리를 포기시키는 물리적 강제력으로서의 국가를 불러내었다. 만인은 국가에 자신의 권리를 양도함으로써 자유를 제한받게 되며, 국가는 만인을 자신의 힘 아래 두고 군림하게 된다. 그런 점에서 국가는 처음부터 이성이 아닌 공포를 수단으로 만인을 지배하는 폭력적 존재로 규정되었다고 할 수 있다. 홉스의 국가는 만인의 권리를 강제로 억압하는 괴물, '리바이어던'일 수밖에 없었던 것이다.

한편, 인간은 자신의 손으로 국가를 탄생시켰으나, 동시에 국가의 지배를 받는 기이한 위치에 놓이게 되었다. 홉스에게서 국가 이전의 인간은 신의 역할을 대신하는 존재로 등장한다. 신이 자신의 기예art로 세상을 창조하고 다스리는 것처럼, 인간도 자신의 기예를 가지고 인공적인 동물artificial animal을 만들어 낼 수 있다는 것이다. 그렇게 인간은 인공 인간artificial man으로서의 국가를 만들었다. 이 인공 인간이 지닌 '혼'은 '주권'으로서 전신에 생명과 운동을 부여하는 역할을 한다.[1] 인간은 국가를 만들고 혼을 불어넣는 창조주와도 같은 역할을 하는 존재였던 것이다.

하지만 이렇게 국가를 탄생시킨 인간은 자신의 권리를 국가에 양도함으로써 단 한 번의 마지막 정치적 행위를 하게 되었다. 이후로 모든 정치적 권리는 오직 국가에 의해서만 행사되도록 자신의

---

1 토마스 홉스, 『리바이어던 1-교회국가 및 시민국가의 재료와 형태 및 권력』, 진석용 옮김, 나남, 2008, 21-22쪽.

권리를 양도하는 계약을 맺었기 때문이다. 인간은 아무런 정치적 행위를 할 수 없는 무력한 존재로 전락했다. 국가를 통해 자신을 대표하던 인민people은 아무런 정치적 지위도 갖지 못하는 무리multitude로 해체되는 운명에 이르렀다.[2] 오직 주권자로서의 국가만이 유일한 정치적 권리를 행사할 수 있는 존재로 남는다.

이렇게 도발적인 주장을 편 홉스를 현대 정치철학의 논의의 한복판으로 불러낸 사람은 칼 슈미트였다. 그는 홉스의 주장으로부터 주권자의 특권적 역할에 주목하였다. 슈미트에게서 국가란 단순히 만인이 서로 간에 무정부적 계약을 맺는다고 해서 성립되는 것이 아니다. 국가는 만인을 대표하는 '주권적 인격'에 의해서만 비로소 실질적으로 존립할 수 있는 것이다. 주권자는 국가의 중요한 사안에 대하여 독자적으로 판단하고 결정하는 최종적인 권한을 지닌 인격적 존재다. 따라서 국가는 만인의 의사가 합계된 힘을 훨씬 초과할 뿐만 아니라 어떤 단순한 정치적인 통일체와도 전혀 다른 의미를 지니게 된다. 주권은 국가의 모든 권력들에 대해 배타적이고 독점적인 지위를 가지며, 개개인은 주권자의 결정에 대해 아무런 간섭이나 영향력을 행사할 수 없다. 자연 상태에서는 개개인의 판단과 선택이 곧 자신의 법이고 선善이었지만, 개인들이 자신의 권리를 국가에 양도한 이후로는 법과 정의, 불의에 대한 판단 등은 주권자 없이는 불가능하게 되었다. 국가는 이 모든 것을 가능하도록 만드

---

2 조르조 아감벤, 『내전』, 조형준 옮김, 새물결, 2017, 79쪽.

는 초월자로서 개인들에게 군림하는 존재인 것이다.[3]

그런 점에서 슈미트가 이해하는 국가는 단순히 어떤 계약에 따라 성립한 정치적 통일체를 가리키는 것이 아니라, 국가 외부에 자리하며 단일한 의지로 국가를 통솔하는 초월적 주권자를 의미했다. 사람들은 생명의 위협에 대한 공포로부터 새로운 권력인 리바이어던을 불러내었다. 그것은 천상의 신을 대신하여 지상을 통치하는 새로운 신이자 초월적 인격으로서의 주권자를 지칭한다. 그러한 주권자는 국가의 영혼에 해당한다. 영혼 없는 신체가 죽은 것처럼 주권자 없는 국가는 존립할 수 없다. 따라서 주권자는 국가에 생명을 불어넣고 국가를 움직이는 가장 핵심적인 존재라고 할 수 있다.

주권자의 가장 중요한 임무는 국가 신민들의 생명과 안전을 지키는 것이며, 이를 위해서는 국가를 지켜 내는 것이 무엇보다도 필수적이다. 그래서 주권자는 국가를 위협하는 모든 요소들을 제거하고자 한다. 홉스는 국가를 영원불멸의 '천상의 신'immortal God과 대비해서 '지상의 신'mortal God이라 불렀다.[4] 국가는 천상의 신과 달리 내란 혹은 외부의 침략에 의해 죽음에 이를 수도 있는 유한한 존재이기 때문이다. 국가의 이러한 유한함은 국가가 자연 상태와 분리될 수 없는 관계에 놓여 있다는 사실에 기인한다. 즉, 지상의 신으로서의 국가는 자연 상태로부터 생겨난 것이며, 국가가 해체된 이후로

---

3 칼 슈미트, 「홉스의 국가론에 있어서 리바이어던」, 『로마 가톨릭주의와 정치형태』, 김효전 옮김, 교육과학사, 1992, 298쪽.

4 홉스, 『리바이어던 1』, 232쪽.

는 다시금 자연 상태로 되돌아가게 되는 것이다. 여기서 홉스가 말하는 자연 상태란 국가가 출현하기 이전의 신화적인 상태를 지칭하는 표현이지, 마치 어떤 특정한 시점에 인류의 역사가 자연 상태에서 사회 상태로 진입하게 되는 것을 의미하지 않는다. 현실에서는 국가의 흥망성쇠 속에서 자연 상태가 언제나 상존한다고 할 수 있다. 자연 상태 위에서 무수한 국가들이 일시적으로 등장했다가 사라지게 되는 것이다. 그래서 홉스는 어떤 국가가 다른 국가를 적으로 판단하면 자신의 자연권에 따라 임의로 전쟁을 개시할 수 있다고 말했던 것이다. 국가 간의 관계는 다른 국가에 대해 특정한 규정을 지키도록 강제할 아무런 상위의 법도 존재하지 않는 자연 상태에 해당하기 때문이다.

그런 점에서 슈미트는 국가란 "강대한 실력으로 지속적으로 억지된 내란상태"에 불과하다고 말한다.[5] 무정부적 자연 상태에서 출현한 국가는 내란을 저지하는 방식으로 존재하며, 국가의 붕괴는 곧 내란의 전면화를 뜻하게 되기 때문이다. 그런데 내란은 무엇에 의해서 생겨나는 것일까? 국가 내에서는 주권자 이외에 아무도 정치적인 권리를 행사할 수 없는데 말이다. 여기서 내란을 일으키는 것은 국가에 자신의 권리를 양도하여 스스로는 정치적으로 대표할 수도, 정치적인 행위를 할 수도 없었던 무리들이다. 그들은 국가가 자신의 안전과 평화를 보장해 주지 못한다고 판단하면 언제든지 스

---

5 슈미트, 「홉스의 국가론에 있어서 리바이어던」, 284쪽.

스로 자신을 보호할 자유를 얻는다.[6] 즉, 자연 상태로 되돌아가서 저마다 자신의 안전을 위해 할 수 있는 모든 것을 다할 자연권을 행사하게 되는 것이다. 따라서 주권자는 언제나 내란을 저지하고자 무리들과 싸울 수밖에 없다. 반대로 내란은 아직 해체되지 않은 국가 안에서 늘 진행되고 있는 것이라고 해야 한다. 내전과 국가, 자연 상태는 이렇듯 복잡한 관계 속에서 함께 상호결합되어 있는 방식으로 존재한다.[7] 그래서 슈미트는 국가가 자신을 위협하는 내부의 적들을 섬멸해야만 한다고 말한다. 그에게서 국가를 수호하기 위한 주권자의 역할은 한층 중요해질 수밖에 없었다.

2. 칼 슈미트의 근대 국가론 비판

홉스가 국가를 인간의 욕망을 저지하기 위해 만들어진 인위적인 산물로 보았던 것과 달리, 의회주의나 법실증주의 국가론에서는 국가를 이성과 자연 질서에 부합하는 영원한 자연법에 기초한 제도로 간주하였다. 국가는 국왕의 자의적인 판단에 좌우되어서는 안 되며 오직 의회에 의해 제정된 법에 따라 예측 가능한 통치가 이루어질 수 있어야 했다. 즉, 최고 통치자가 아니라 '법률'이 지배하고 통

---

6 홉스, 『리바이어던 1』, 428쪽.

7 아감벤, 『내전』, 87쪽.

치하는 국가를 만들고자 한 것이다. 이러한 의회주의와 법실증주의 개념이 근대 국가론의 근간을 이루어 왔지만, 슈미트는 의회주의와 법실증주의에 기반한 근대 국가론이 허구적인 중립성과 형식적인 적법성을 만들어 왔다고 비판한다.

우선, 의회주의라는 용어부터 살펴보면, 이 용어에는 대의기구를 통한 합의에 따라 국가가 운영되어야 한다는 신념이 표현되고 있다. 즉, 다양한 의견들이 경쟁과 조화 속에서 이성적인 토론을 통해 진리에 도달할 수 있다는 생각이 전제되어 있는 것이다. 하지만 이것이 가능하기 위해서는 "상대방에 의해 기꺼이 설득될 의향, 당파적 구속으로부터의 독립, 그리고 이기적인 이해관계에서 벗어난 태도 등"이 토론의 전제로서 충족되어야 한다.[8] 슈미트가 보기에 이는 현실과 괴리된 너무나 낭만적이고도 순진한 발상이었다. 오히려 의회의 현실은 각 당파들이 저마다의 이해타산 속에서 자신들의 이익을 관철하려는 협상과 거래가 주된 실제적 활동을 이루고 있기 때문이다.

또한, 슈미트는 의회주의가 중요한 원칙으로 삼고 있는 '공개성'에 대해서도 신랄하게 비판한다. 공개성이라는 원칙을 중시하게 된 것은 절대 군주의 비밀정치에 대한 투쟁으로부터 공개성과 공공성에 대한 믿음이 생겨난 것에서 기인했다. 의회주의에서는 언론, 집회, 출판의 자유 등을 통해 최대한 광범위한 공개적 논의와 토론

---

8 칼 슈미트, 『현대 의회주의의 정신사적 상황』, 나종석 옮김, 도서출판 길, 2012, 17쪽.

을 이끌어 내고자 하였다. 하지만 의회의 현실은 이러한 믿음과 너무나도 동떨어져 있다. "정당이나 정당 연합의 소위원회와 최소 인원에 의한 위원회가 폐쇄된 방 뒤에서 은밀히 결정을 내리고, 대자본가 이익단체의 대표자들이 최소 인원으로 구성된 위원회에서 처리"하면서 소수의 위원회가 의회의 총회를 '외형적인 장식물'로 만들었다는 것이다.[9]

의회주의의 '균형' 개념에서도 근대 국가론의 한계가 지적되고 있다. 의회주의는 권력의 분할을 통해 상호 간의 견제와 균형을 이룸으로써 국가의 모든 권력 작용이 적법하게 행사되는 자기 완결적 체계를 갖추도록 하였다. 이는 권력 분립이 헌법의 근간이라는 발상에서도 볼 수 있듯이 모든 곳에서 다원성을 만들어 내는 사고방식으로 나아갔다. 즉, 권력의 분할을 통해 다원화된 권력 기관들 간의 균형을 만들어 통일성을 대신하도록 만드는 것이다. 입법부가 양원제, 연방제 등에 의해 균형을 맞추어 조정되는 사례들이 이를 잘 보여 준다.[10] 이로부터 법은 모두를 공평하게 대하는 '중립적'인 성격을 갖는다는 환상이 만들어졌다. 즉, 권력 기관 간의 상호견제와 균형에 의해 권력의 중립성과 공정함을 보장받을 수 있으리라는 것이다. 하지만 슈미트가 보기에 이는 어떠한 정치적 가치판단도 배제한 단순한 형식적 규범에 불과할 뿐이다. 슈미트는 이러한 법

---

9 앞의 책, 103쪽.

10 앞의 책, 86쪽.

의 형식적 중립성이 그저 말에 그칠 따름이라고 비판하였다. 의회에서 제정된 법률은 언제나 의회 내부의 정파 간 갈등과 타협의 과정에서 관철된 다수파의 의지에 따라 만들어지기 때문이다.[11]

의회주의의 다수결의 원리 또한 비판되고 있다. 슈미트에 의하면, 이는 법을 제정할 때 법의 내용이나 그것의 타당성과 무관하게 다수를 획득한 당파만을 합법적이라 인정하는 산술적이고 형식적인 방식이다. 과반수 혹은 2/3를 획득하는 것이 어째서 타당한 것인지 아무런 근거도 제시할 수 없음은 물론이다. 이는 법에 대한 어떤 판단도 내리지 않는 중립적인 합법성이자 모든 실질적 정의를 도외시하는 합법성이라는 것이다. 하지만 이를 통해 다수파는 나머지 소수파를 비합법으로 만들어 배제할 수 있는 독점적인 권한을 갖는다.[12] 이러한 독점적 권한은 산술적이고 형식적인 합법성을 능가한 사실상 무소불위의 권한을 행사할 수 있음을 의미한다.

한편, 슈미트는 근대 자본주의 국가를 극복하고자 했던 마르크스주의 정당과 사회주의 국가도 이러한 의회주의와 법실증주의를 충실하게 계승해 왔음을 지적한다. 볼셰비키 마르크스주의가 국가를 다양한 정치세력들이 기술적·중립적 도구로 사용할 수 있는 장치라고 보았으며, 이 점에서 서구의 근대 자유민주주의와 서로 다

---

11 칼 슈미트, 『합법성과 정당성』, 김도균 옮김, 도서출판 길, 2015, 48쪽.

12 앞의 책, 55-56쪽.

르지 않았다는 것이다.[13] 사실 슈미트의 이러한 비판이 아니더라도, 사회주의 운동이 갖고 있던 근대적인 국가론에 대한 비판적인 인식은 사회주의 운동 내부에서도 제기되고 있었다. 레닌의 민주집중제를 비판했던 로자 룩셈부르크는 사회주의 운동과 마르크스주의 정당 내의 근대 계몽주의적 정치를 극복하지 못한다면 결국 관료제만이 판을 치게 될 것이며 부르주아적인 의미에서의 독재에 머물고 말 것이라고 예견한 바 있었다.[14] 루이 알튀세르는『당내에 더 이상 지속되어선 안 될 것』에서 프랑스 사회주의 정당의 구조가 부르주아 국가장치를 모델로 하고 있음을 지적한 바 있다.[15] 평당원에서 지도부에 이르기까지 모든 당원들이 지부 위원회, 지역위원회, 중앙위원회 등 각종 위원회에 속하도록 구성되어 있지만, 이러한 기구들은 당의 의사 결정이 지도부의 가신家臣에 해당하는 극소수에 의해 좌우되는 것을 은폐하는 수단에 불과했다는 것이다. 특히 그는 의회민주주의 모델을 통해 당이 운영되면서 부르주아 정치 방식이 재생산되고 강화되었음을 비판하고 있다. 알튀세르는 사회주의 국가들이 근대 자유민주주의 국가들이 보여 준 문제점을 동일하게 반복하도록 만드는 이유가 무엇인지 잘 밝히고 있다. 그런 점에서 사회주의 국가들이 보여 준 관료화와 소수에 집중된 권력, 부패 등

---

13 슈미트,「홉스의 국가론에 있어서 리바이어던」, 305쪽.

14 이진경,『맑스주의와 근대성』, 그린비, 2014, 301~302쪽.

15 루이 알튀세르,『당내에 더 이상 지속되어선 안 될 것』, 이진경 엮음, 새길, 1992, 131-132쪽.

의 문제들만을 언급하는 것은 표면적인 접근에 그칠 위험이 있다. 오히려 근대 국가론이 갖는 한계로부터 사회주의 국가들이 봉착했던 문제들의 근본적인 원인에 접근할 필요가 있는 것이다. 슈미트의 근대 국가론 비판은 서구 자유민주주의 국가론과 사회주의 국가론이 공히 기대고 있던 의회주의와 법실증주의라는 근대적 패러다임의 한계가 무엇인지 다시금 살펴볼 수 있도록 해준다고 하겠다.

3. 주권자와 국가의 외부

슈미트가 근대 국가론에 대해 행한 비판의 중요성은 무엇보다도 그가 국가 '외부'를 사유하도록 했다는 점에 있다. 근대 이전처럼 국가가 신에 의해 부여되었다고 보거나, 의회주의나 법실증주의 국가론처럼 국가가 자연법에 기초한다고 보는 경우에는 국가의 외부를 사유하는 것은 원천적으로 불가능할 수밖에 없다. 국가는 언제나 신에 의해 주어져 있거나, 혹은 본래적으로 존재할 수밖에 없는 필연적인 것으로 전제되기 때문이다. 하지만 홉스처럼 국가를 인위적인 산물로 간주하는 슈미트에게 국가나 법은 그 자체로 존립할 수 없다. 국가는 언제라도 자신을 위태롭게 만들 위기상황에 빠지거나 붕괴될 수 있기 때문이다. 국가는 이러한 위기상황으로부터 스스로를 구해 내도록 스스로의 운명을 결정할 주권, 즉 최고의 지배권을 필요로 한다.

국가를 위태롭게 만드는 위기상황이란 어떤 것인가? 우선 이러한 위기상황을 법 규정에 따라 구체적으로 정하는 것은 원리상 불가능할 수밖에 없다. 어떤 위기가 닥칠 것인지 미리 단정할 수 없기 때문이다. 위기상황에 대한 매우 포괄적이고 추상적인 규정만 가능할 뿐이다. 또한, 이러한 위기상황은 기존의 법질서가 갖고 있는 정상적인 수단으로는 해결할 수 없는 예외상태를 뜻한다. 정상적인 수단으로 해결가능한 상황이란 이미 더 이상 예외상태로서의 위기상황일 수 없는 것이다.

그렇다면 여기에는 어느 정도까지 위협을 받아야만 국가의 존립이 위태로운 상황으로 판단할 것인지의 문제가 남게 된다. 적의 공격이 어느 정도까지 이를 때 전쟁을 개시할 것인가? 내란이 어느 정도까지 번져야 국가를 위태롭게 할 위기상황으로 판단할 것인가? 이는 법 규정으로 정할 수 없고, 다수의 토론과 합의로도 이루어질 수 없다. 결국 '누가' 위기상황 여부를 판단하고 결정할 것인가와 관련되어 있다. 즉, 예외상태에 대한 최종적인 결단을 내리는 최고 결정권자, 곧 주권자를 필요로 하게 되는 것이다. 주권자는 예외상태를 정상적인 상황으로 만들기 위해 기존의 질서를 중단시키거나 새로운 질서를 창설하는 결정을 내리는 존재다. 따라서 슈미트는 주권자란 "예외상태를 결정하는 자"라고 정의 내린다.[16]

기존의 의회주의나 법실증주의 국가에서라면 이러한 예외상태를 판단하는 것이 불가능하다. 법실증주의 국가는 국가가 위기에

---

16 칼 슈미트, 『정치신학』, 김항 옮김, 그린비, 2010, 16쪽.

빠진 비상사태에 이르렀을 경우, 이를 해결하기 위해 계엄령을 선포하도록 법으로 명문화하고 있다. 국가의 정상적인 기능을 일시적으로 중단시키고 전권을 계엄관에게 위임하는 것이다. 그리고 위기 상황이 해결되었을 때 계엄을 해제하고 다시금 국가의 정상적인 운영이 회복되도록 일련의 과정을 법으로 규정하고 있다. 따라서 최고 통치자가 임의로 계엄을 선포하거나 해제하는 것을 엄격히 법으로 제한하고 있다.

하지만 만일 법질서 자체가 혼란에 빠짐으로써 국가가 위기에 처했다면 이를 어떻게 해결할 것인가? 혹은 기존의 법질서로는 해결할 수 없는 문제가 발생한다면 어떻게 대처해야 하는가? 만약 스스로 법질서를 회복할 수 없는 상황에 놓여 있다면 아무런 해결 방안을 제시할 수 없다. 법실증주의 국가가 딜레마에 빠진 이유다. 법이 불능 상태에 빠졌을 때 국가는 어떻게 해야 하는가? 슈미트가 의회주의와 법실증주의를 주장하는 법학자들에게 던지는 반문이다.

따라서 슈미트는 주권자가 더 이상 기존의 법질서 내부에 속박되어 있지 않아야 한다고 주장한다. 주권자가 예외상태를 판단하고 결정을 내리는 곳은 국가의 외부이다. 국가의 외부에서 국가의 법질서를 중단할지, 아니면 새로 창설할지 여부를 결정하는 것이다. 그렇지만 이러한 예외상태는 국가가 사라진 상태가 아니라 여전히 주권자의 통제에 의해 국가가 존속되는 상태라는 점에서, 슈미트는 예외상태를 결정하는 주권 개념을 일종의 한계 개념이라고 말한다. 즉, 국가의 극한을 사유함으로써 국가의 외부와 내부를 동시에 규정하는 개념이라는 것이다.

홉스가 리바이어던을 지상의 신이라 부른 것처럼, 슈미트는 주권자 또한 예외상태를 결정함으로써 국가를 통치하고 지배하는 신적 존재에 비유될 수 있다고 말한다.[17] 계몽주의나 합리주의에서 자연법칙으로 설명될 수 없는 기적을 인정하지 않은 것처럼, 법실증주의 국가는 법 규정에 속하지 않은 어떤 예외도 인정하지 않으려 한다.[18] 하지만 신학에서 기적이라는 예외가 신학을 존재하도록 해주었던 것처럼, 슈미트는 법학에서도 법 규정에서 벗어난 예외가 법질서를 존속하도록 해준다는 것을 강조한다. 그래서 슈미트는 "예외가 규칙을 보증할 뿐 아니라, 규칙은 애당초 오로지 예외에 의해서만 존속한다"[19]고 말하고 있다. 즉, 국가는 국가의 외부에 의해서만 존립할 수 있는 존재인 것이다.

달리 말하면, 이는 국가의 법질서가 법의 외부, 즉 탈법적인 요소에 의해 유지된다는 매우 아이러니한 사태를 가리킨다. 단순히 법 규정의 형식적 적용만으로는 법질서의 유지가 불가능하다는 의미를 넘어, 주권자에 의한 법의 임의적이고 자의적인 해석과 적용이 항상적으로 일어날 수밖에 없음을 의미하는 것이다. 또한, 언제라도 주권자의 판단에 따라 법질서를 중단시킴으로써 자신에게 반대하는 세력을 국가의 모든 수단을 동원하여 제압할 수 있음을 뜻

---

17 슈미트, 『정치신학』, 22쪽.

18 앞의 책, 54-55쪽.

19 앞의 책, 27-28쪽.

하는 것이기도 하다. 슈미트는 예외상태라는 개념을 통해 국가의 내외부가 모두 주권자에 의해 장악되도록 그 이론적인 근거를 마련하려 한 것이라고 할 수 있다.

하지만 이러한 주장을 뒤집어 보면, 국가의 법질서란 매우 위태로운 지반 위에 서 있는 것임을 역설적으로 보여 주기도 한다. 국가는 필연적으로 존재할 수밖에 없는 것이 아니라 임의적으로 생겨난 것이며, 또한 항구적으로 존재할 수 있는 것이 아니라 언제라도 붕괴될 수 있는 일시적인 것에 불과하다. 국가와 법이 영원불변한 기초를 갖고 있다는 이제까지의 신화적 믿음은 더 이상 지탱될 수 없는 것이다. 또한 국가 내적으로는 주권을 둘러싸고 다양한 정치 세력들이 쟁탈전을 벌이면서 내란이나 혁명의 위협으로부터 자유로울 수 없는 상태에 놓여 있다. 어느 특정 세력도 자신들을 국가의 유일한 지배세력으로 자처할 수 없는 것이다. 이는 국가에 대한 보다 급진적인 사유의 가능성을 열어 놓는 것으로, 슈미트의 주장을 전혀 다른 각도에서 접근함으로써 국가와 법에 대한 새로운 사유로 나아갔던 벤야민의 시도에서 이를 만날 수 있다.

4. 슈미트의 주권 독재에 대한 벤야민의 비판

발터 벤야민은 교수자격신청 논문인『독일 비애극의 원천』(1928)을 출간하고 나서 슈미트에게 서신을 보내어 자신의 논문이 슈미트의 주권론으로부터 적잖은 영향을 받았음을 직접 밝힌 바 있다.[20] 벤야민 스스로 마르크스주의자이자 반파시즘 사상가임을 자처했었기에, 그가 나치의 국가사회주의 이데올로기에 이념적 정당성을 부여했던 슈미트로부터 사상적으로 영향을 받았다는 사실만으로도 충분히 당혹스러운 일이 아닐 수 없었다. 벤야민을 연구했던 학자들에게는 매우 곤혹스럽고 혼란을 주기에 충분했던 사건이었던 것이다. 우선 벤야민이 슈미트로부터 무엇을 가져왔으며, 그것이 벤야민에게 어떤 영향을 주었는지 살펴보도록 하자.

벤야민이 슈미트로부터 가장 커다란 이론적 자극을 받았던 것은 슈미트의 주권 및 '예외상태' 개념으로, 이로부터 그는 근대 국가론에 대한 매우 중요한 통찰을 얻게 되었다. 하지만 그는 이러한 개념들에 '미묘한' 변경을 가함으로써 슈미트와는 전혀 다른 새로운 개념을 재탄생시켰다. 벤야민이 『독일 비애극의 원천』에서 주권자에 대해 설명하는 대목부터 살펴보자.

> 근대적인 주권 개념이 군주가 가지고 있는 최고의 행정력에 귀결되는 반면, 바로크 시대의 주권 개념은 비상사태에 대한 논의에서 전개되었으며, 비상사태를 차단하는 일을 군주의 가장 중요한 일로 만들었다.[21]

---

20 고지현, 「발터 벤야민의 초기 주 저작 『독일 비애극의 기원』에서의 칼 슈미트의 비판적 수용」, 『사회와 철학』 제9호, 사회와철학연구회, 2005, 242쪽.

21 발터 벤야민, 『독일 비애극의 원천』, 최성만·김유동 옮김, 한길사, 2009, 94쪽.

여기서 우리의 시선을 끄는 것은 벤야민이 주권자의 중요한 임무가 예외상태를 '차단'하는 일이었다고 설명하는 대목이다. 슈미트가 주권자를 '예외상태를 결정하는 자'로 규정했던 것과 달리, 벤야민은 독일 바로크 비애극에 등장하는 군주의 사례가 주권자에게 가장 중요한 일이 기존의 법질서 안에 예외상태가 들어오지 못하도록 막는 데 있었음을 보여 주고 있다. 예외상태가 도래할 때 주권자는 오히려 아무것도 할 수 없는 불능 상태에 빠지게 되기 때문이다. 벤야민에게서 주권자는 애초부터 예외상태를 결정하는 것이 불가능한 존재였다.[22] "지배자의 권력과 지배 능력 사이의 대립은 비애극에 고유한, 단지 외관상으로만 장르적인 특징을 낳았다. 이 특성은 오직 주권론의 토대에서만 해명될 수 있다. 문제는 결단하는 데에서 나타나는 폭군의 무능력이다. 비상사태에서 어떤 결정을 내려야 하는 군주는 사태를 처음 맞이한 상황에서 어떤 결단을 내리는 것이 거의 불가능하다는 점을 보여 준다."[23]

여기서 벤야민이 말하는 바로크 비애극의 주권은 슈미트와 달리 더 이상 초월적이지 않으며, 군주 또한 신이 아니다. 주권자는 다른 만물들과 마찬가지로 피조 세계의 영역 안에 있으며, 다른 피조물의 지배자라고 하더라도 여전히 하나의 피조물에 불과했다. 주권자와 예외상태의 관계에 대한 슈미트와 벤야민 간의 이러한 상반된

---

22 조르조 아감벤, 『예외상태』, 김항 옮김, 새물결, 2009, 108-109쪽.

23 벤야민, 『독일 비애극의 원천』, 102-103쪽.

견해는 '예외상태'에 대한 상이한 이해에서 비롯한 것임을 짐작할 수 있다. 슈미트에게서 예외상태는 주권자가 기존의 법질서를 정지시킴으로써 더욱 강화된 국가 지배 체제로 복귀하기 위해 잠정적으로 도입되는 초법적 조치를 의미했다. 따라서 주권자의 '결정'이 무엇보다도 중요한 비중을 차지할 수밖에 없었다. 반면, 벤야민에게 예외상태란 주권자와 피지배자들이 함께 하나의 동일한 파국에 처하게 됨으로써 기존의 법질서가 무력화되는 상황을 가리킨다. 이로 인해 바로크 비애극의 군주들은 광기에 빠져들거나 죽음에 이르곤 했던 것이다. 이러한 예외상태는 주권자의 결정 여부와 무관하게 현실을 기존과는 전혀 다른 새로운 국면으로 나아가도록 만든다.

5. 진정한 예외상태와 벤야민의 메시아주의

슈미트가 말했던 예외상태는 히틀러에 의해 현실화되는 것처럼 보였다. 그는 1933년 바이마르 공화국 헌법을 중단시키고 전권위임법에 따라 나치당 이외의 모든 정당을 해산하였으며 언론과 군대를 장악하였다. 슈미트에게 예외상태는 정상적인 법질서로 복귀하기 위함이었다. 따라서 잠정적으로만 헌법을 중단하는 것이며, 위험 요소가 제거되었거나 새로운 법질서를 창설했다면 예외상태는 즉각 해제되어야만 했다. 즉, 히틀러는 바이마르 헌법을 폐기하자마자 곧바로 새로운 헌법을 제정했어야만 했던 것이다. 하지만 그는 새로운 헌법을 공포하지 않은 채 모든 전권을 독점한 상태로 나치 제국을 통치해 나갔다. 그야말로 예외상태를 그대로 상례常例로 만들어 버린 아이러니한 사태가 초래된 것이다. 이는 슈미트가 말하는 예외상태가 더 이상 작동하지 않고 있음을 의미한다. 따라서 벤야민이 「역사의 개념에 대하여」의 8번 테제에서 예외상태가 상례가 되었음을 지적하는 대목은, 슈미트가 주장한 주권 및 예외상태가 사실상 실패했음을 지적하는 것이라 할 수 있다.

> 억압받는 자들의 전통은 우리가 그 속에서 살고 있는 '비상사태'가 상례임을 가르쳐 준다. 우리는 이에 상응하는 역사의 개념에 도달하지 않으면 안 된다. 그렇게 되면 진정한 비상사태를 도래시키는 것이 우리의 과제로 떠오를 것이다. 그리고 그로써 파시즘에 대항한 투쟁에서 우리의 입지가 개선될 것이다.[24]

여기서 벤야민이 언급하는 진정한 예외상태란 무엇을 뜻하는 것일까? 예외상태의 도래는 기존의 법질서가 중단됨으로써 법 이전의 순수 폭력이 자신의 얼굴을 드러내는 순간이다. 반대로, 슈미트처럼 이러한 예외상태로부터 정상적인 법질서로 복귀시키는 것은, 법이 오직 국가에게만 폭력의 행사를 독점하고 정당화할 권한을 부여함을 뜻한다. 여기에는 오직 법에 의해서만 정의가 실현될

---

24 발터 벤야민, 「역사의 개념에 대하여」, 『역사의 개념에 대하여 / 폭력비판을 위하여 / 초현실주의 외』, 최성만 옮김, 도서출판 길, 2008, 336-337쪽.

수 있다는 일종의 신화적 믿음이 전제되어 있다. 그렇게 해서 예외상태에 의해 끊어졌던 법과 폭력의 연결고리가 다시금 이어지도록 만드는 것이다. 반면, 벤야민이 말하는 진정한 예외상태는 기존의 법질서를 지탱하던 법과 폭력의 연결고리를 끊어 낼 뿐만 아니라 그러한 연결고리를 정당화시켰던 신화마저도 깨뜨리는 데까지 나아간다. 그럴 때에만 비로소 파시즘의 초법적 지배에 제대로 대항할 수 있으리라는 것이다. 이는 우리에게 역사에 대한 새로운 인식을 요구할 뿐만 아니라 법과 폭력의 관계에 대한 보다 근원적인 통찰을 요구한다.

벤야민의 「폭력비판을 위하여」(1921)는 바로 이러한 문제의식 속에서 쓰인 글이라 할 수 있다. 그는 이 글의 집필 의도를 폭력이 법 및 정의와 어떤 관계를 맺고 있는지 서술하는 데 있다고 밝히고 있다. 폭력과 법의 관계에 대한 그의 분석은 폭력의 신화적 기원에 까지 거슬러 올라가면서 폭력 일반의 역사에 대해 다루게 된다.

법에 대한 통념은, 폭력을 막기 위한 강제적 수단으로서의 법이 존재해야 한다는 것이다. 그럴 때에만 법은 정의를 실현하는 수단으로서 자신을 정당화할 수 있다. 그러나 이는 법 자체가 폭력적 수단일 뿐만 아니라, 법이 만들어지고 유지되는 모든 과정이 폭력에 의해서만 가능함을 간과한 것이라 할 수 있다. 근대의 법질서는 합법적인 절차를 통한 폭력만을 승인해 왔으며, 이는 개인이 아닌 국가에게만 허용된 폭력이었다. 그런데 법이 개인에 맞서 오직 국가에게만 폭력을 허용한 것은 법 자신을 위한 것이기도 했는데, 법의 수중에 있지 않을 때의 폭력은 그것이 법의 외부에 현존한다는

사실 자체 때문에 법의 존립을 위협하기 때문이라는 것이다.[25]

이처럼 정당한 폭력, 즉 법과 폭력의 연결고리가 만들어질 수 있었던 것은 신화적 폭력에 기인한 것이었다. 벤야민이 '신화적'이라는 용어를 사용할 때 그것은 일반적인 의미에서의 신화와는 전혀 다른 맥락이다. 그에게서 신화적인 것과 대비되는 것은 '로고스'적인 것이 아니라 오히려 '신적'인 것을 의미한다. 그래서 신화적 폭력에는 신적 폭력이 대응한다.

벤야민은 신화적인 것을 '죄'(Schuld, 빚)와의 연관 속에서 이해한다. 신화 속에서의 인간은 운명의 지배 아래 놓일 수밖에 없는 존재이며, 그 운명에 도전했던 인물들은 그 죄의 대가를 피할 수 없다. 인간의 불행은 이러한 운명 속에서 설명되고 받아들여지는데, 죄와 속죄의 순환이 그것이다. 신화적 폭력은 죄와 속죄를 영원히 반복하게 만듦으로써 죄가 계속해서 늘어나는 과정으로 이어진다. 법적 질서도 선악에 대한 판단에 따라 죄에 대한 대가를 치르도록 한다는 점에서 신화적 질서와 동형적인 구조를 갖고 있다. 법은 형벌을 받도록 심판하는 것이 아니라 죄를 짓도록 심판함으로써 인간을 죄라는 운명 속에 영원히 가두어 놓는다는 것이다.[26]

반면, 신적 폭력은 죄의 증가와 재생산의 끝없는 순환으로부터 벗어나도록 만드는 폭력이다. 속죄가 아니라 죄 자체를 소멸시키는

---

25 발터 벤야민, 「폭력비판을 위하여」, 『역사의 개념에 대하여 / 폭력비판을 위하여 / 초현실주의 외』, 86쪽.

26 벤야민, 「운명과 성격」, 앞의 책, 71쪽.

면죄를 뜻하며, 법을 설립하지 않고 도리어 파괴하는 폭력이다.

모든 영역에서 신화에 대해 신이 대립하듯 신화적 폭력에 신적 폭력이 대립한다. 신적 폭력은 모든 면에서 신화적 폭력의 대립물이다. 신화적 폭력이 법정립적이라면 신적 폭력은 법파괴적이고, 신화적 폭력이 경계를 설정한다면 신적 폭력은 경계를 없애 버린다. 신화적 폭력이 죄를 부과하면서 동시에 속죄한다면 신화적 폭력은 죄를 면해 주고, 신화적 폭력이 위협한다면 신적 폭력은 내리치고, 신화적 폭력이 피를 흘리도록 한다면 신적 폭력은 피를 흘리지 않은 채 죽음에 이르도록 한다.[27]

신적 폭력에 대한 흔한 오해는 그것을 어떤 신성한sacred 폭력으로 여기는 것이다. 하지만 신성한 폭력은 차라리 신화적 폭력에 해당할 것이다. 벤야민이 신적 폭력의 사례로 제시하는 것은 프롤레타리아 총파업이다. 그는 소렐을 인용하며 프롤레타리아 총파업을 정치적 총파업과 구분하여 설명한다. 정치적 총파업은 정치가들에 의해 좌우되며 국가를 전혀 위협하지 않고 오히려 국가의 폭력을 더욱 강화시킬 따름이다. 정치적 협상에 의해 법령이 선포되며 권력은 특권층으로부터 특권층에게만 옮겨 갈 뿐이다. 반면, 프롤레타리아의 총파업은 오직 국가의 파괴라는 단 하나의 과제만을 갖는

---

27 벤야민, 「폭력비판을 위하여」, 앞의 책, 111쪽. 번역은 일부 수정하였음.

다. 국가의 폐지를 목표로 삼음으로써 승리의 물질적 이득에는 무관심하다. 전자가 법정립적이라면 후자는 법파괴적이고 무정부주의적이다.[28]

하지만 신적 폭력에 대한 상이한 이해에 따라 학자들 간에 적잖은 논란이 제기되는 것도 사실이다. 데리다는 신적 폭력이라는 개념을 향해 다소 엉뚱한 반론을 제기하여 논란을 불러일으키기도 했는데, 그는 벤야민의 신적 폭력을 아우슈비츠의 가스실에 비유하면서 나치의 '궁극적 해결책'이 연상될 수밖에 없다고 비난했던 것이다.[29] 하지만 마지막까지 반파시즘 투쟁을 놓지 않았던 벤야민을 충분한 문헌적 근거를 제시하지 않은 채 몇 가지만으로 속단을 내리는 것은 다소 납득하기 어려운 처사다.[30] 한편, 지젝의 경우에는 신적 폭력을 목적 없는 수단으로서의 순수 폭력으로 이해하면서, 그 사례로 사회적으로 배제된 빈민가의 군중들이 '맹목적으로' 복수를 요구하며 휘두르는 폭력을 지칭하기도 했다.[31] 이 경우 신적 폭력은 분노에 의해 무차별적인 파괴가 일어나는 상황과 구별할 수 없게 된다. 벤야민의 신적 폭력이 기존의 법적·신화적 질서와 충돌

---

28 벤야민, 「폭력비판을 위하여」, 『역사의 개념에 대하여 / 폭력비판을 위하여 / 초현실주의 외』, 103쪽.

29 자크 데리다, 『법의 힘』, 진태원 옮김, 문학과지성사, 2004, 135쪽.

30 고지현, 「발터 벤야민의 초기 주 저작 『독일 비애극의 기원』에서의 칼 슈미트의 비판적 수용」, 『사회와 철학』, 243-244쪽.

31 슬라보예 지젝, 『폭력이란 무엇인가』, 이현우·김희진·정일권 옮김, 난장이, 2011, 278쪽.

을 일으키는 폭력이라는 점에서 시위 군중의 단순한 분노와 동일시
하는 것은 너무도 협소한 이해일 것이다. 아감벤에 따르면, 신적 폭
력은 다른 어떤 목적을 위한 수단으로서의 폭력이 아닌, 그 자체로
발현되는 순수 폭력을 가리킨다.[32] 신적 폭력은 법질서의 회복이나
도덕적 교훈이나 징벌로서의 폭력과는 달리 어떤 특정한 결과를 의
도하지 않은 폭력이라 할 수 있다. 하지만 이와 같이 신적 폭력에 대
한 몇 가지 파편적인 인상으로 판단하는 것은 한계가 있으리라고
본다. 벤야민의 역사 개념과 메시아주의와의 관련 속에서 살펴보는
것이 신적 폭력과 진정한 예외상태의 의미에 대해 보다 나은 이해
를 가져다줄 것이다.

벤야민은 역사의 진행이 하나의 연속적이고 단선적인 발전이
아니라 불연속적인 중단과 함께 변증법적으로 비약하는 것으로 보
았다. 신적 폭력은 여기서 역사의 흐름을 중단시키는 힘이자 새로
운 단계로 도약하도록 만드는 계기로 작용한다. 이 때문에 기존의
법질서 및 죄와 속죄의 악순환은 모두 소멸되고 만다. 역사는 새롭
게 다시 시작되는 것이다. 물론 그와 반대로 주권적 독재의 출현으
로 인해 이전보다 더욱 반동적이고 강화된 법질서로 회귀할 가능성
도 배제할 수 없다. 신적 폭력은 미리 계산하거나 예측할 수 없을 뿐
만 아니라 인위적으로 유도할 수도 없는, 그래서 세계 내적인 것으
로 가두어 둘 수 없는 역사의 외부성으로서 존재하기 때문이다.

---

32 아감벤, 『예외상태』, 118-120쪽.

벤야민의 메시아주의는 흔히 신적 폭력과 유사한 의미를 갖는 것으로 혼동되곤 하는데, 그에게서 메시아주의는 신적 폭력과 마찬가지로 역사의 흐름을 중단시키면서 역사를 새로운 단계로 도약시키는 계기를 의미한다. 하지만 여기에는 구원의 이미지가 포함되어 있다는 점에서 신적 폭력과 구별된다. 벤야민이 말하는 구원은 어떤 거시적이고 총체적인 차원에서의 구원을 뜻하지 않는다. 역사의 목적론도, 세상으로부터 도피하는 피안적 종말론도 아니다. 오히려 메시아는 우리가 살아가는 현재 안에 전혀 다른 시간을 도입하는 사건으로 존재한다. 이러한 메시아적 사건 속에서 기존에 배제되거나 포착될 수 없는 소수적인 존재들이 모든 것을 잔해로 만드는 역사의 파국으로부터 구제될 수 있는 것이다. 진정한 예외상태를 도래시키는 자들은 바로 이러한 소수적 존재들이다.

하지만 신적 폭력과 마찬가지로 메시아적 시간 또한 우리 스스로 인위적으로 도입하거나 역사의 목표로 설정할 수는 없다. 벤야민은 메시아 자신만이 역사적 사건이 메시아적인 것에 대해 갖는 관계를 스스로 만들어 낼 수 있다고 말한다. 이는 메시아적 사건이 어떤 목적론적 의미나 필연적인 결과로 이해될 수 없는 외부적인 것임을 뜻한다. 그는 자신의 이러한 주장이 신정정치를 뜻하는 것이 아니라 단지 종교적인 의미만을 지니는 것이라고 분명히 밝히고 있다.[33] 여기서 종교적인 의미를 지닌다는 것은 메시아적 사건이 어

---

33   벤야민, 「신학적·정치적 단편」, 『역사의 개념에 대하여 / 폭력비판을 위하여 / 초현실주

떤 세속적인 질서와 동일시될 수 있는 종류가 아님을 의미한다.

　그렇지만 메시아적 시간에 의해 주어질 행복은 오직 세속적인 것의 리듬으로부터 주어질 수 있다. 역으로, 그것은 세속적인 삶 한 가운데서 메시아적 시간을 살아가는 것을 뜻한다. 이는 세상과의 결별이나 도피를 추구하는 종교적 시도와도 다르며, 반대로 자신을 역사의 주체로 설정하여 역사의 미래를 합목적적으로 만들어 가는 근대 계몽주의의 시도와도 다르다. 현재 속에서 경험하는 모든 것이 무상하게 몰락하지만, 동시에 그러한 몰락 속에서 진정한 메시아적 시간의 삶을 실현함을 가리키는 것이다.

6. 슈미트의 정치신학과 벤야민의 메시아주의

그런 점에서 벤야민의 메시아주의는, 슈미트가 주권적 독재를 통해 정치신학을 도입하려 했던 시도와 정면으로 대립된다고 할 수 있다. 슈미트는 정치신학의 종언을 선언했던 가톨릭 신학자 페테르존을 반박하며 『정치신학 2』(1970)를 펴낸 바 있었다.[34] 신약성서의 「데살로니가후서」 2장 6-8절을 근거로 하여 정치신학의 신학적 기초를 제공하고자 한 것이다. 그 구절에는 하나님의 나라의 도래와

의 외』, 129-130쪽.

34　칼 슈미트, 『정치신학 2』, 조효원 옮김, 그린비, 2019.

함께 세상의 종말을 저지하고 억누르는 존재인 카테콘katechon이 언급되어 있다. 슈미트는 그 카테콘이 다름 아닌 인간의 제국을 의미한다고 보았다. 카테콘에 해당하는 인간의 제국이 문명을 진보하도록 함으로써 세상의 타락을 막아 왔고, 이를 통해 역사의 종말이 앞당겨짐을 막는 데 기여했다는 것이다. 즉, 신이 주도하는 세계의 역사 속에서 인간이 세운 제국의 고유한 역할이 있음을 강조하려는 의도에서 나온 것이다.

하지만 슈미트의 주장과 달리, 페테르존은 슈미트의 바울에 대한 해석이 본래의 문맥으로부터 상당히 벗어난 것이라고 보았다. 페테르존에 따르면, 바울은 현재와 세상의 종말 사이에 존재하는 과도기에 종말을 지연시키는 자로서의 카테콘을 말하고 있다. 그 카테콘은 아직 예수에 대한 믿음을 갖지 못한 유대인들을 지칭하는 표현이라는 것이다. 슈미트의 주장처럼, 역사의 종말을 지연시키면서 문명의 진보를 가져오는 인간의 제국을 지칭하는 것이 아니다. 바울은 종말에 이루어질 하나님의 구원이 인간의 인위적인 노력이 아닌 하나님의 은총에 의해서 주어짐을 강조했고, 구원을 위해 인간의 제국이 해야 할 별도의 역할이란 존재하지 않는다는 것이 페테르존의 주장이다. 이에 따라 페테르존은 슈미트의 정치신학에 대해 종언을 고했던 것이다.

벤야민의 메시아주의는 세상의 그 누구도 스스로 메시아로 자처하거나 메시아를 대신할 수 없음을 말한다. 슈미트처럼 인간이 세운 제국이 메시아적 역할을 대신하거나 역사를 주도하는 정치신학을 명확하게 거부한 것이다. 또한, 페테르존처럼 유대인의 회심

거부로 바라보는 교회 주류의 해석도 용인하지 않는다. 벤야민에게서 메시아적 시간은 해결사와도 같은 어떤 존재에 의해 실현될 수 있는 성질의 것이 아니기 때문이다. 제국도 교회도 종말을 유예시키는 카테콘으로서 자신을 정당화할 수 없다.

그렇다면 벤야민이 말하는 메시아적 시간은 지상의 시간과 어떤 관련을 갖는가? 그것은 지상의 시간을 의문에 부치면서 매 순간을 위기로 몰아넣는 시간이면서, 동시에 지상의 시간을 새롭게 재탄생시킴으로써 구원하는 시간이다. 우선, 메시아적 시간은 지상의 시간으로 환원되거나 동화될 수 없다. 그 어떤 정치권력이나 종교도 메시아적 시간을 자신의 것처럼 전유할 수 없다. 오히려 메시아적 시간은 지상의 시간을 지배하던 낡은 신화와 질서들을 해체하고 파괴한다. 그로 인해 기존의 시간은 옛 질서와의 연속성을 잃고 단절되기에 이른다. 하지만 메시아적 시간은 해체와 파괴의 시간만이 아니라 지상의 시간을 새롭게 재탄생시키는 시간이기도 하다. 기존의 가치나 질서가 만들어 낸 낡은 우상은 해체되고 이제까지 배제되거나 버려진 존재들은 새로운 삶과 이름을 갖게 되는 것이다. 하지만 메시아적 시간은 역사의 어떤 시점, 이를테면 역사의 마지막에 모든 것이 한꺼번에 해결되는 최종적인 시간을 가리키지 않는다. 메시아적 시간은 역사의 마지막 종착지로서의 '종말의 시간'이 아니라 '시간의 종말'을 의미하는 것이다. 벤야민이 모든 순간은 메시아가 들어올 수 있는 작은 문이라고 말한 것도 그래서다. 모든 시간과 세대에게는 메시아적 구원의 힘이 주어져 있다는 것이다.

7장

탈신성화, 혹은 아무것도 아닌 자들의 정치신학

앞에서도 밝힌 것처럼, 현대 정치철학이 신학적 주제를 다룬다고 해서 신학 또는 종교를 옹호하려는 것은 아니다. 오히려 현대 정치 철학 대부분의 논의는 무신론적이거나 유물론적인 문제의식의 연장에 서 있다. 이를테면, 기존의 정치이론이 국가·국민·인종·계급·역사 등에 의해 보편적이고 초월적인 지위를 부여하며 신성화하는 것에 대해 비판하고 있음을 찾아볼 수 있다. 이러한 비판이 갖는 문제의식을 '탈신성화'의 문제의식이라고 부르기로 하자.

그런데 우리의 관심을 끄는 것은 오늘날의 현대 정치철학의 이러한 '탈신성화'의 문제의식이 성서 및 유대-그리스도교 신학에서의 탈신성화의 문제의식과 만나고 있다는 점에 있다. 바디우의 바울 평가 및 사건적 주체 개념, 데리다의 부정신학과 '메시아적인 것'에 대한 논의, 그리고 아감벤의 바울 해석과 '세속화' 개념 등이 대표적이다. 이 장에서는 이들의 논의를 중심으로 '탈신성화'의 문제의식에 관해 살펴보고, 아울러 탈신성화의 정치신학의 가능성에 대해 타진해 보고자 한다.

1. 바디우의 바울: 보편주의와 평등을 향한 투사

바디우는 『사도 바울』의 서두에서 이 책에서 자신이 시도하려는 바가 사건의 주체 이론을 재정립하는 것이라고 밝히고 있다.[1] 기존의 지배 담론과 지배 질서로부터 만들어지는 주체와 구별하여, 우발적 사건에 의한 '주체'가 어떻게 만들어지는지 보여 주려는 것이다. 이를 위해 그는 바울을 일종의 우화로서 다루고자 하며, 그를 종교와 어떠한 연관성도 결부시키지 않고 다만 사건의 사상가이자 레닌과 볼셰비키를 뒤이을 새로운 투사로서 다룰 것임을 밝히고 있다.[2]

바디우는 어째서 주체에 관해 말하려 하는 것일까? 그는 이른바 탈근대 담론들이 주체의 해체를 선언했으나 새로운 주체의 형성에 대해서는 올바로 제시하지 못하고 있다고 본다. 그렇다고 바디우가 다시금 근대적 주체의 복원을 꾀하는 것은 아니다. 기존의 형이상학적이고 초월적인 주체 개념을 비판했던 탈근대 담론들의 문제의식을 이어 가면서도, 주체를 새로운 방식으로 정의하려는 것이 그의 주된 문제의식이었다. 바디우에게서 주체는 어떤 고정된 실체를 뜻하지 않으며, 어떤 우발적 사건에 의한 결과로 주어지는 것이다. 사건은 미리 정해진 순서에 따라 일어나지 않는다. 사건적 주체는 기존의 담론이나 질서와는 전혀 다른 차원을 역사에 개입시

---

1 알랭 바디우, 『사도 바울』, 현성환 옮김, 새물결, 2008, 15쪽.

2 앞의 책, 12-16쪽.

키는, 일종의 '돌발'로써 찾아오는 주체다. 바디우는 이를 잘 드러낼 텍스트로 바울 문헌을 택하였다.

바디우는 전통적인 신학에서 다뤄지던 바울과는 상당히 다른 면모의 바울을 보여 주며 그에게서 지배 담론을 극복할 방안을 찾아내고자 한다. 즉, 총체성의 구조에 따라 각 주체의 자리를 할당하거나, 자신들만의 정체성을 고수하면서 타자를 배제하는 지배 담론을 바울을 통해서 극복하려는 것이다. 그는 바울이 지배 담론과 지배 질서에 대항하여 싸운 새로운 사건적 주체임을 보여 주고, 이를 바탕으로 사건의 주체이론을 정립하고자 한다.

우선, 바디우는 바울 문헌으로부터 당시의 지배 담론에 의해 만들어진 주체로 그리스적 주체와 유대적 주체를 사례로 제시한다. 우선, 지혜를 나타내는 그리스적 담론은 로고스를 통해 세계의 고정된 질서를 전유하고 있으며, 이러한 담론으로 자연적 총체성을 이해하는 이성을 지닌 그리스적 주체가 만들어진다. 그는 이를 총체성의 담론으로 지칭하는데, 이로부터 '현인'賢人의 형상을 지닌 그리스적 주체가 만들어진다는 것이다. 반면, 유대적 담론은 신에 의해 선택된 예외적인 민족임을 지시하는 기적과 표징의 담론으로 '예언자'를 자신의 주체적 형상으로 갖는다. 이는 예외의 담론으로서 신의 초월성을 믿는 유대적 주체를 만들어 낸다.[3]

이러한 지배 담론들의 공통점은 세계를 어떤 법적 상태로 규정

---

3 앞의 책, 83-84쪽.

한다는 점에 있다. 그리스적 담론은 코스모스에 연결 짓는 법에, 그리고 유대적 담론은 신의 예외적 선택의 결과들을 고정시키는 법에 의해 지배되도록 한다. 바디우는 이러한 담론들은 가리켜 일종의 '아버지'의 담론이라고 부르면서 공동체들에게 복종을 요구하는 담론이라고 규정한다. 반면, 사건 그 자체로부터, 비-우주적이고 탈-(율)법적인 사건으로부터 출발하는 것은 그 어떤 지배도 가져오지 않는 '아들'의 담론이라고 구분하여 설명한다.[4]

바디우는 바울의 뛰어난 점이 기존의 지배적 담론이 만들어 낸 주체와 구분되는 '사건적 주체'를 제시한 점에 있다고 평가한다. 바울은 사유를 코스모스에 연결시키는 법이든, 아니면 신의 예외적 선택을 고정시키는 (율)법이든 상관없이, 그 어떠한 법으로도 구원이 불가능하다고 보았다. 바울은 여기서 사건 자체로부터 출현하는 그리스도의 담론을 제시하는데, 바울에게 그리스도는 그 자체로 순수 사건으로, 기존의 지배적 담론이 차지하던 자리에 전혀 '새로운 것'으로 도래하며 이로부터 '새로운 주체'가 출현하게 된다. "유대 사람은 표적을 구하고, 그리스 사람은 지혜를 찾으나, 우리는 그리스도를 전하되, 십자가에 달리신 분으로 전합니다. 이것은 유대 사람에게는 거리낌이고, 이방 사람에게는 어리석음이지만, 부르심을 받은 사람에게는, 유대 사람에게나 그리스 사람에게나, 그리스도는 하나님의 능력이요, 하나님의 지혜입니다."(「고린도전서」, 1장 22-

---

4 바디우, 『사도 바울』, 85쪽.

24절)

바울은 예수의 십자가 사건이나 부활 사건을 직접 목격한 적이 없었다. 그 사건들을 증명 가능한 역사적 사실인지의 여부로 판단하려 하지 않았다. 오히려 그에게 십자가와 부활은 무엇보다도 그리스도가 죽음의 세력을 이긴 순수 사건으로, 한 시대가 새롭게 열리고 기존에 불가능하던 것이 가능한 것으로 뒤바뀌는 사건으로 경험되었다. 그래서 그리스도의 십자가와 부활이 곧 바울 자신의 십자가와 부활로 연결되었으며, 이를 통해 바울은 바리새인에서 그리스도인으로, 나아가 그리스도의 사도로 다시 태어나게 되었던 것이다.

바울의 사례처럼, 역사적인 사건들이 그것을 경험한 사람들에게 어떠한 기억을 남기며, 또한 그로부터 어떠한 주체들이 만들어지는지 찾아보기란 그리 어렵지 않다. 이를테면, 4·19 혁명에 참여한 사람들에게 그것의 성패 여부는 어떤 역사적인 통계자료나 정치적인 언사로 판단되지 않는다. 겉으로 이뤄 낸 성과보다는 대중 자신의 손으로 독재정권을 끌어내렸다는 기억이 훨씬 강렬하게 남아 있으며, 자신을 그 시대가 불러낸 주체로, 이른바 4·19 세대로 여기면서 살아가도록 만든다. 5·18 항쟁, 87년 민주화 운동과 노동자 대투쟁 등을 경험한 사람들도 이와 다르지 않다. 그런 점에서 주체가 사건을 만들어 내는 것이 아니라, 반대로 사건에 의해 주체가 만들어진다고 할 수 있을 것이다.

바울에게는 그리스도의 십자가와 부활이 그로 하여금 이전과 전혀 다른 주체로 살아가도록 만든 결정적인 사건이었다. 십자가와 부활은 기존의 유대 담론이 더 이상 자신을 지배하지 못하도록 만들었다. 이를 통해 바울은 (율)법으로부터 풀려나게 되었으며, 유대인이라는 민족적 정체성으로부터도 자유롭게 되었다. 유대인이 자랑하는 기적과 표징에 대해서도 바울은 자신이 경험한 초자연적 황홀경의 체험조차 더 이상 자랑하지 않을 것이라고 단언한다. 오히려 자랑할 것이라고는 자신의 '약함'밖에 없다는 것이다.[5] 여기서 말하는 '약함'은 하나님 앞에서 자신을 겸허하게 낮추었던 그리스도를 뒤따르는 사도적 삶을 가리킨다. 그리스도의 십자가와 부활 사건은 그를 '사도'라는 주체적 형상으로 불러내었으며, 이후로는 자신이 경험한 그리스도의 십자가와 부활의 기쁜 소식, 즉 복음을 디아스포라 지역에 전하는 사도로 살아가게 되었다.

한편, 바디우가 말하는 사건적 주체는, 그리스 담론과 유대 담론이 어떤 고정되고 단일한 정체성으로 주체를 규정하는 것과 다르게 역동적이고 분열적인 주체로 나타낸다. 바울은 기존의 (율)법 규정으로부터 벗어나면서 과거와는 전혀 다른 새로운 주체로 살아가게 되었으나, 자신의 영혼은 옛 사람과 새 사람 사이의 분열의 경험 속에서 살아가고 있음을 토로한다. "나는 속사람으로는 하나님의 법을 즐거워하나, 내 지체 속에는 다른 법이 있어서 내 마음의 법과 맞서서 싸우고, 내 지체 속에 있는 죄의 법에다 나를 사로잡는 것을 봅니다."(「로마서」, 7장 23절) 과거에 자신을 지배하던 질서와 싸

---

5 바디우, 『사도 바울』, 101-102쪽.

우면서도, 동시에 새로운 주체로서의 삶을 끊임없이 추구해야 하는 존재인 것이다.

바울의 이러한 역동적인 주체 개념은 기존의 지배 담론들이 부여한 정체성으로부터 그를 자유롭게 해주었을 뿐만 아니라 기존에 사람들을 구분 짓던 차별들에 대해서도 다르게 접근할 수 있도록 해주었다. 따라서 그는 그리스도 안에서는 이방인도 유대인도 없고, 주인도 노예도 없다고 말한다. 이를 통해 그는 정체성의 경계를 넘어서 이방인에게는 이방인처럼 되었고, 유대인에게는 유대인이 되었다고 말할 수 있었다. 심지어 자신은 자유인이지만 노예도 될 수 있었다는 것이다. "나는 어느 누구에게도 얽매이지 않은 자유로운 몸이지만, 많은 사람을 얻으려고, 스스로 모든 사람의 종이 되었습니다."(「고린도전서」, 9장 19절) 그는 더 이상 옛 정체성에 머물러 살지 않았기에 어떠한 차이에 대해서도 차별적으로 대하지 않을 수 있었다. 그렇다고 해서 이는 차이 자체를 폐기하거나 도외시하는 것을 의미하지 않으며 차이를 넘어서서 횡단하는 방식으로 나아가야 함을 의미한다. 따라서 새로운 차이와 새로운 특수성들은 오히려 추구되어야 한다. 그것이 역설적이게도 참된 것의 보편성을 드러내도록 만든다는 것이다.[6]

바디우는 이를 차이들에 대한 관용적 무관심(무차별성, indifference)이라고 표현한다. 바울은 그리스도 사건을 통해 모든 사람

---

6 앞의 책, 192쪽.

이 평등하며, 따라서 누구도 차별을 받아서는 안 된다고 말하였다. "여기에는 유대 사람도 헬라 사람도 없으며, 노예도 자유인도 없으며, 남자와 여자가 없습니다. 여러분 모두가 그리스도 예수 안에서 하나이기 때문입니다."(「갈라디아서」, 3장 28절) 보편성 그 자체는 차이들 안에서 각자에게 이러한 보편성을 담지할 능력이 있음을 승인한다. "피리나 거문고같이 생명이 없는 악기도, 음색이 각각 다른 소리를 내지 않으면, 피리를 부는 것인지, 수금을 타는 것인지, 어떻게 알 수 있겠습니까?"(「고린도전서」, 14장 7절) 음색이 서로 다른 악기들처럼, 차이들은 참됨의 선율을 이루는 식별 가능한 일의성을 마련해 준다.[7]

바디우의 바울에 대한 이러한 해석은 오늘날 시장자본주의에 기초한 세계화와, 이에 맞서서 지역적 특수성에 따른 정체성을 강조하는 시도들에 대해 비판적 논점을 제공해 준다. 바디우는 세계화가 강화될수록 민족적 정체성에 대한 강조 또한 극심해지고 있다는 점을 부각하고 있다. 즉, 자본의 세계화 논리와 민족적 정체성에 대한 광신은 서로 대립되는 것이 아니라 혐오스러운 공모 관계를 이루고 있다는 것이다.[8] 세계화가 추구하는 총체성의 담론과 민족적 정체성을 강조하는 예외적 특수성의 담론이 그것이다. 이는 오늘날 소수 집단의 투쟁에서도 쉽게 발견되는 양상들이다. "동성애

---

7 바디우, 『사도 바울』, 206쪽.

8 앞의 책, 23쪽.

자만이 동성애를 '이해'할 수 있고, 아랍인만이 아랍을 이해할 수 있다는 등등의 파국적 진술들"[9]은 어떠한 차이들도 횡단하지 못하도록 만들며, 오직 자신들만을 위한 폐쇄적인 정체성 안에 스스로 갇히는 것에 불과하다. 자신들의 정체성과 차이만을 고수하려는 이러한 예외적 특수성은, 정반대로 자신들 내부의 차이를 제거하는 동일자의 논리로 작동할 수밖에 없는 것이다. 바디우는 바울의 평등주의적 보편주의가 이러한 문제들을 극복하는 중요한 이론적 자원이 될 수 있으리라 보고 있다.

2. 데리다의 '메시아주의 없는 메시아적인 것'

데리다는 서구 형이상학의 해체를 시도하는 자신의 방법이 부정신학적이라는 점을 줄곧 밝혀 왔다. 부정신학이란 중세 신학자 위僞디오니시우스Dionysius Areopagita가 제시한 '부정의 길'에 입각한 신학으로, 신은 유한한 인간을 무한히 초월해 있으므로 인간의 언어로 신을 규정할 수 없으며 다만 '…이 아닌'이라는 부정적 방식만 표현할 수 있다는 입장의 신학이다. 이러한 입장을 그대로 수용한다면 신에 대해 형이상학적인 개념으로 서술하는 것은 불가능하게 된다. 즉, 신을 모든 존재의 근거로 설명해 왔던 서구 형이상학은 더 이

---

9 앞의 책, 29쪽.

상 유지될 수 없을 것이다. 중세 스콜라 철학은 이러한 부정신학을 유비적인 의미로 수용함으로써 신학과 형이상학의 공존을 추구해 왔다.

한편, 데리다에게서 부정신학은 서구 형이상학의 해체 수단으로 활용될 뿐이며, 여기에는 어떠한 종교적인 변증의 시도도 포함되어 있지 않다. 오히려 데리다는 부정신학 자체에 대해서는 비판적으로 평가하였는데, 부정신학의 시도가 신에 대한 더 큰 긍정을 위한 것이라는 점 때문이었다. 그럼에도 데리다는 부정신학이 신에 대한 극한의 물음을 던짐으로써 언제나 무신론과 연루되어 왔음을 지적한 바 있다.[10]

후기로 갈수록 데리다는 자신의 윤리적·정치적 논의에서 종교적 용어들을 핵심 개념으로 사용하였다. 그는 자신이 무신론자임을 공개적으로 천명하고 종교에 대한 비판적인 태도를 고수했음에도 종교와 관련한 글을 꾸준히 발표하였다. 이는 그가 여전히 신앙 일반이 갖는 의미만큼은 중시하였기 때문이다. 데리다는 종교에서 표현하는 약속의 말에 담겨 있는 신앙, 신용, 믿음의 경험이 사회적 유대나 타자와의 관계 일반에 속하며, 나아가 모든 지식 및 모든 정치적 행위, 특히 모든 혁명에 함축되어 있는 명령, 약속, 수행성에 속한다고 주장하였다.[11]

---

10 J. Derrida, "Sauf le Nom(Post-scriptum)", *On the Name*, trans. David Wood, Stanford University Press, 1993, pp. 36-37.

11 자크 데리다, 「마르크스와 아들들」, 『마르크스주의와 해체』, 진태원·한형식 옮김, 도서

이는 어찌 보면 하이데거가 「동일성과 차이」에서 서구 형이상학을 존재-신론onto-theology의 역사로 규정한 이래로, 서구 형이상학의 해체가 철학과 신학 모두에게 피할 수 없는 과제로 던져진 것과 무관하지 않을 것이다. 이를 위해 철학은 존재-신론적인 틀로부터 벗어나기를, 그리고 신학은 자기원인causa sui으로서의 신 개념으로부터 벗어나기를 요청받게 된 것이다. 이를 단순히 무신론적인 해결이라고 볼 수 없다. 신-없는gott-lose 사유가 오히려 신적인 신dem göttlichen Gott에 더 가까울 것이라는 하이데거의 언급은 서구 형이상학의 해체 이후로 종교에 대해서도 새로이 사고하기를 요구하는 것이다. 물론 이러한 해체의 과제는 단순히 하이데거의 문제의식에 그대로 머무는 것을 의미하지 않는다. 데리다가 후기 하이데거의 존재 개념을 비판하면서 여전히 기존의 형이상학적 한계를 벗어나지 못했다고 평가했던 것도 이러한 맥락에서 이해될 수 있다. 데리다는 철학과 신학이 지녀 왔던 기존의 전통적인 경계를 넘나들면서 다양한 해체적 사유를 시도하고 있다.

우선, 데리다는 자신의 주요 개념 가운데 하나인 '정의'justice 개념이 성서에서 비롯한 것이라는 점을 숨기지 않는다.[12] 그가 말하는 정의는 무한한 요구로서 기존의 법과 도덕을 해체하는 원리로 작용한다. 따라서 칸트식의 보편타당한 격률로 이해될 수 없는, 오직 해

출판 길, 2009, 230쪽.

12 자크 데리다, 『신앙과 지식』, 신정아·최용호 옮김, 아카넷, 2016, 104쪽.

체의 과정에서만 실현되는 것으로 이해되어야 한다. 이러한 정의 개념은 레비나스의 논의와도 무관하지 않은데, 이를테면 살해를 금지하도록 요청하는 고아와 과부의 얼굴, 즉 타인의 얼굴은 도덕이나 법으로 환원될 수 없는 차원을 갖고 있으며 그것은 단지 무한한 요구로서만 존재한다는 것이다. 이러한 요구에 대해서 우리는 어떤 앎이나 지식이 아니라 책임을 지는 방식으로만 응답할 수 있을 뿐이라는 것이다.[13]

데리다는 『마르크스의 유령들』에서 정의에 대한 새로운 논의를 위해 존재론ontology이 아닌 유령론hauntology을 제안하였다. 이 역시 레비나스가 유령의 존재를 통해 기존의 존재론적 사유를 해체하려던 시도를 데리다 자신의 방식으로 더욱 급진적으로 밀고 가려는 것이기도 했다. 레비나스가 유령 개념으로 존재자를 통해서만 존재를 사유했던 서구 형이상학의 근본적 한계를 보여 주었다면, 데리다는 이를 마르크스주의 정치학에 적용하여 새로운 방식으로 마르크스를 소환하고자 시도한 것이다.

유령 개념은 실체, 존재자 중심의 전통적인 존재 개념을 넘어서, 어떤 효과로서 새로운 사건을 일으키며 나타난다는 점에서 기존의 자기 동일성에서 벗어나는 어떤 것을 지칭하기 위해 도입되었다.[14] 기존의 존재 개념으로 사유될 수 없었던, 즉 존재자 이전의 존

---

13 에마누엘 레비나스, 『전체성과 무한』, 김도형·문성원·손영창 옮김, 그린비, 2018, 292쪽 이하.

14 자크 데리다, 『마르크스의 유령들』, 진태원 옮김, 그린비, 2007, 15-16쪽.

재, 있음과 없음을 구분하기 이전의 존재 자체를 사유할 수 있게 하는 것이다. 레비나스에 따르면, 그것은 존재자로 있는 것이 아니기에 부정조차도 불가능한 무엇이다. 그것은 부정될 수 없기에 끊임없이 되돌아오는re-venant 유령revenant과도 같다. 의식이 아무리 무의식을 부정하려 해도 의식 한가운데 무의식이 끊임없이 되돌아오는 것처럼 말이다.[15] 그것은 이름 붙일 수 없는 무엇이기에 익명적 사건으로 우리에게 찾아온다.

그런데 데리다에 따르면, 이러한 유령론적 사유야말로 이미 마르크스 자신이 취했던 사유 방식에 다름 아니었다. 마르크스의 상품분석은 하나의 사물이 마치 유령처럼 어떻게 교환가치를 갖는 상품으로 변신하는지 보여 준다. 상품 물신성에 대한 마르크스의 분석은 자본주의하에서 모든 사회적 관계 자체가 이러한 유령성에 의해 결정된다는 것을 알려 주고 있다. 또한, 자본주의를 극복하려는 마르크스의 시도는 미래에 도래할 정의, 즉 코뮌주의를 약속하며 이를 현재로 끊임없이 불러낸다. 데리다는 이를 『햄릿』에서 아버지의 유령이 자신의 죽음을 신원하고 정의를 호소하고자 등장하는 장면에 비유한다. 그는 햄릿의 유명한 대사, "시간의 이음매가 어긋나 있다"The time is out of joint를 인용하며 마르크스의 사유에 담긴 비동시성을 보여 주고자 한다.

마르크스의 비동시성은 과거와 미래가 현재 안에 함께 있음을

---

15 에마누엘 레비나스, 『존재에서 존재자로』, 서동욱 옮김, 민음사, 2003, 101쪽.

나타내며, 또한 과거와 미래의 비대칭성을 의미하는 것이다. 코뮌주의는 과거로부터 주어지는 상속이자 미래에 대한 약속인데, 이는 단순히 어떤 되갚음 혹은 복수로서의 정의가 아니다. 미래에 도래할 약속으로서의 정의는 어떤 정해진 해결책이 아니라 셈해질 수 없는 어떤 무한한 약속과 관계한다. 즉, 예측 불가능한 타자성의 도래와 메시아적 희망, 즉 종말론적 관계를 유지해야 하는 것이다.[16] 또한, 그것은 현재의 매 순간마다 미래에 이루어질 약속으로서 소환되는 것이기도 하다. 따라서 데리다는 이러한 정의의 개념이 메시아적인 구조를 갖는다고 설명한다.

> 우리는 이러한 도착하는 이에 대해 어떤 반대급부도 요구하지 않고, 영접의 권력과 어떤 길들임의 계약(가족, 국가, 국민, 영토, 지연이나 혈연, 언어, 문화 일반, 인류 자체)을 맺도록 요구하지 않으며, 모든 소유권, 모든 권리 일반을 포기하는 정당한 개방, 도래하는 것에 대한, 곧 기다릴 수도 없는 것 그 자체이며 따라서 미리 인지할 수도 없는 사건에 대한 타자, 타자 자체로서 사건에 대한, 항상 희망에 대한 기억 속에서 빈자리를 남겨 두어야 하는 그녀 또는 그에 대한 메시아적 개방만을 제시해야 한다. 이러한 메시아적 개방이야말로 유령성의 장소 그 자체다.[17]

---

16 데리다, 『마르크스의 유령들』, 140쪽.

17 앞의 책, 140-141쪽.

여기서 데리다는 '메시아적인 것'과 '메시아주의'를 구분할 것을 주문한다. 메시아적인 것은 어떤 특정한 방향이나 예정된 상태를 가리키지 않는다. 이를테면 벤야민이 말한 "약한 메시아적 힘"은 데리다에게서 메시아주의적인 것이 아니라 메시아적인 것을 뜻한다. 그것은 어떤 예측 가능한 해결책이나 방안을 지칭하는 것이 아닌, 예측 불가능하지만 언젠가 도래할 사건에 대한 기대와 관련되어 있기 때문이다. "메시아적인 것, 혹은 메시아주의 없는 메시아성, 그것은 장래에의 열림, 혹은 […] 정의의 출현으로서의 타자의 도래에의 열림일 것이다. 타자의 도래는 어떤 예측으로도 도래하고 있는 것을 보지 못하는 그곳에서만, 타자와 죽음이 ― 그리고 근원적 악이 ― 줄곧 불시에 습격하는 그곳에서만 특이한 사건으로 출현한다. 그것은 역사를, 혹은 최소한 역사의 일상적인 흐름을 개시하고 동시에 언제나 중단할 수 있는 가능성들이다."[18] 나아가 데리다는 모든 언어행위가 일종의 약속인 것과 마찬가지로, 메시아적인 것은 모든 것의 보편적인 구조라고 말한다. 왜냐하면, 약속이란 미래에 대한 기대이며, 이러한 기대는 언제나 정의와 관련되어 있기 때문이다.[19]

반면, 메시아주의는 특정한 교리와 위계질서를 지닌 모습으로 존재한다. 유대-그리스도교 전통에서 규정된 계시와 메시아라는

---

18   데리다, 『신앙과 지식』, 104쪽.

19   J. Caputo ed., *Deconstruction in a Nutshell*, Fordham University Press, 1996, pp. 22-24, [데리다, 『마르크스의 유령들』, 389쪽에서 재인용].

인물이 그것이다. 하지만 메시아적인 것은 이를 배제한다. 메시아적인 것은 "메시아주의"의 구체적 형태들로 국한될 수 없기 때문이다. 물론 메시아주의의 역사적 모습들은 메시아적인 것의 '메시아주의 없음'이라는 구조의 보편적이고 유사-초월론적인quasi-transcendental 바탕 위에서만 가능하다.[20] 그런 점에서 메시아주의의 모든 역사적 모습들은 종교 혹은 물신화된 것으로서 해체의 대상이지만, 메시아적인 것은 정의와 마찬가지로 해체 불가능한 것으로 남는다.

하지만 데리다는 메시아적인 것에서 '메시아'라는 단어를 쉽게 지워 버릴 수 있는 것은 아니라고 보고 있다. 메시아주의의 구체적이고 역사적인 모습 없이 메시아적인 것이 독자적으로 존재한다고 보기 어렵다는 이유에서다. 그러므로 메시아적인 것과 메시아주의는 마치 정의와 법의 관계처럼 개념상으로 서로 구분되지만 실제로는 따로 분리될 수 없는 관계에 놓여 있다고 할 수 있다. 데리다는 이 둘의 관계에서 무엇이 우선하는지 그 선후관계를 결정짓는 것에 대해 자신으로서는 판단할 수 없는 일이라고 답변하였다.[21]

---

20 데리다, 「마르크스와 아들들」, 『마르크스주의와 해체』, 219쪽.

21 앞의 책, 228쪽.

3. 아감벤: 탈신성화로서의 메시아적 삶

벤야민에게서처럼, 아감벤에게도 칼 슈미트의 주권 권력에 대한 분석은 주권의 신성화$_{sacratio}$가 갖는 본질을 스스로 폭로해 준 것으로 받아들여졌다. 즉, 주권은 초월적 인격자의 형상이자 신적 권위에 비견되는 것으로, 주권자를 제외한 모든 존재를 법질서 내에 기입시키는 초법적 지위를 지닌다는 것이다. 아감벤은 이러한 주권 권력이 지닌 허구적 본질을 보여 줌으로써 칼 슈미트의 정치신학을 극복하려 했던 벤야민의 기획을 좀 더 진전시키고자 한다. 『호모 사케르』를 비롯한 그의 일련의 저작들은 주권의 신성화에 의해 생명체들이 주권 권력 내에 포섭되는 동시에 배제되는 양상을 면밀하게 다루고 있다. 주권 권력의 신성화를 극복하기 위한 출구로 아감벤은 탈신성화로서의 '세속화'$_{profanation}$를 방안으로 제시한다.

아감벤은 그의 저서에서 호모 사케르$_{homo sacer}$가 로마 시대의 범죄자 가운데 하나로, 그를 희생물로 바치는 것은 허용되지 않지만 누구든 그를 죽여도 무방한 존재였음을 보여 준다. 호모 사케르를 직역하면 '신성한 인간'이라는 뜻이다. 그런데 사케르라는 표현에는 '신성한'이라는 의미와 '저주받은'이라는 의미가 모두 담겨 있다. 그는 '신성한 인간'이라고 불리지만, 건드리면 자신이나 남을 오염시키는 저주받은 인간이었던 것이다.[22] 아감벤은 호모 사케르의 이러

---

22 조르조 아감벤, 『호모 사케르』, 박진우 옮김, 새물결, 2008, 168쪽.

한 기이한 이중적 형상에서 주권 권력의 작동 방식을 읽어 낸다. 호모 사케르는 "성과 속, 종교적인 것과 법적인 것 사이의 구분 이전의 영역에 위치한 어떤 근원적인 정치적 구조"를 드러내 주는 존재다.[23] 여기서 신성화는 주권 권력과 마찬가지로 "인간의 법과 신의 법, 그리고 종교적인 것의 영역과 세속적인 것의 영역 모두로부터 이중적인 예외의 형태"를 취한다.[24] 그리고 이러한 이중적 예외를 통해 주권 권력은 모든 것을 법질서 내부로 기입시키게 된다. 그런 점에서 아감벤에게 호모 사케르의 형상은 주권 권력이 지닌 신비의 장막을 벗겨 낼 열쇠였던 것이다.

이렇듯 이중적인 예외에 의해 규정되는 호모 사케르는, 벤야민이 지적한 '상례가 된 예외상태'가 되어 버린 근대 정치의 현실을 보여 주는 존재이다. 나치의 인종 청소, 테러와의 전쟁, 극우 포퓰리즘 등의 현상은 근대 민주주의가 배제를 통한 포섭의 과정이었으며 전체주의라는 또 다른 얼굴을 지닌 체제임을 폭로하고 있다. 이에 아감벤은 근대 민주주의가 전체주의와 내적으로 결탁되어 있다는 파격적인 주장을 펴게 된다.[25] 물론 아감벤은 자신의 이러한 주장을 조심스럽게 수용해 줄 것을 주문했지만, 민주주의와 전체주의가 내적으로 결탁되어 있다는 주장은 매우 충격적인 발언이 아닐 수 없

---

23 아감벤, 『호모 사케르』, 160쪽.

24 앞의 책, 175쪽.

25 앞의 책, 49쪽.

었다. 그의 주장을 어떻게 이해해야 할까?

이와 관련하여 슈미트가 민주주의 원리가 동일성과 배제의 원리를 전제하며 독재와 동형적인 구조를 지니고 있다고 한 주장을 참조할 수 있을 것이다.[26] 그에 따르면, 민주주의 정치에서는 동등하지 않은 자 혹은 이방인에게는 의사 결정 자격이 부여되지 않으며 정치적인 권리 행사가 원천적으로 배제되므로 역사적으로 노예 또는 야만인, 비문명인, 무신론자 등을 제외시켜 왔다. 애초부터 민주주의란 내부의 동질적인 구성원들에게만 평등한 권리를 부여할 뿐이며, 타자 혹은 외부자에게 개방되어 있지 않은 폐쇄적이고 배타적인 정치질서였다는 것이다. 따라서 슈미트는 독재가 결코 민주주의 대립물이 아니라는 것을 강조하기에 이른다.[27] 물론 슈미트는 독재를 정당화하기 위해 이러한 주장을 편 것이었지만, 반대로 아감벤은 근대 민주주의로부터 전체주의가 출현하게 되는 아이러니한 양상에 주목하였다. 그는 민주주의에 대한 마르크스주의적 비판이 이러한 구조를 포착하지 못했다는 점에서 불충분했으며, 특히 프롤레타리아 독재론의 경우 혁명운동을 좌초시키는 암초였다고 이를 강력하게 비판하였다.[28]

아감벤은 '상례가 된 예외상태' 속에 놓인 오늘날의 세계에서

---

26 칼 슈미트, 『현대 의회주의의 정신사적 상황』, 나종석 옮김, 도서출판 길, 2012, 23-24쪽.

27 앞의 책, 62쪽.

28 앞의 책, 51쪽.

벤야민이 말한 '진정한 예외상태'를 어떻게 실현시킬 수 있는지 그 해답을 모색하고자 했다. 그가 말하는 '진정한 예외상태'란 기존의 국가 주권이 행사해 온 폭력적 지배가 중단되는 상태를 의미한다. 그것은 단순히 기존의 법적 지배에 의한 폭력에 맞서는 대항 폭력이 아니라, 국가 주권과 법적 지배에 의한 모든 폭력의 질서를 중단시키는 것을 의미한다. 아감벤은 이를 기존의 법이 모두 효력을 잃게 되는 메시아적 시간kairos의 도래와 관련시켜 설명한다.

아감벤은 바울의 논의를 통해 메시아적 시간과 삶이 갖는 의미를 해명하고자 했다. 아감벤은 메시아적 삶의 특징을 설명하면서 (율)법의 무효화를 제시한다. 바울은 단순히 (율)법이 모두 폐기되었다고 말하지 않고 중지(카타르게인)되었다고 말한다. 카타르게인이라는 단어는 '작동하지 못하게 하다', '비활성화 시키다', '효력을 멈추게 하다' 등의 뜻을 지니고 있다. (율)법의 중지(카타르게인)를 통해 주어지는 것은 자신이 현재 처한 상태의 단순한 제거가 아니라, 오히려 그것을 통과하여 앞으로 도래할 상태와 식별 불가능한 지대를 만들어 낸다는 것을 의미한다.[29]

이를테면, 바울에게는 할례를 받았는지 아닌지가 더는 중요하지 않다. 바울은 (율)법 자체를 폐기하지 않는다. 오히려 (율)법이 더 이상 작동되지 않도록 무효화하면서 동시에 메시아적 삶을 살아가는 것이 중요하다. 메시아적 삶을 살아가는 사람에게 요구되는

---

29 조르조 아감벤,『남겨진 시간』, 강승훈 옮김, 코나투스, 2008, 49-50쪽.

것은 '마치 ~이 아닌 것처럼' 살아가는 것이다. "때가 얼마 남지 않았으니, 이제부터는 아내 있는 사람은 없는 사람처럼 하고, 우는 사람은 울지 않는 사람처럼 하고, [⋯] 세상을 이용하는 사람은 그렇게 하지 않는 사람처럼 하십시오."(「고린도전서」, 7장 29-31절) 이러한 메시아적 삶은 '마치 ~인 것처럼'의 진짜를 가장하는 것과는 전혀 다르며, 어떤 이중적 삶을 의미하는 것도 아니다. 오히려 혈통이나 (율)법에 의해 틀 지어진 정체성의 경계를 넘어선 새로운 (율)법의 형식을 나타낸다.

이로써 바울은 유대인/비유대인, 또는 (율)법 안에 있는 자/(율)법을 가지지 않은 자라는 분할에 새로운 분할, 즉 영/육에 의한 분할을 도입하는데, 기존의 정체성을 폐기하지 않으면서도 동시에 유대인/비유대인으로도 정의될 수 없는 '남겨진 자'를 남기게 된다. 이를테면, 유대인이면서도 영에 의한 유대인이 있고 육에 의한 유대인이 있으며, 비유대인이면서도 영에 의한 비유대인이 있고 육에 의한 비유대인이 있는 것이다. 이러한 새로운 분할로부터 '남겨진 자'는 메시아적 예외상태에서의 (율)법의 역설적인 모습인 신앙의 (율)법을 가지고 있다. "(율)법의 조문을 따라서 받는 할례가 아니라 성령으로 마음에 받는 할례가 참된 할례입니다."(「로마서」, 2장 29절)

카프카의 『법 앞에서』에 대한 아감벤의 해석은 법에 대한 그의 견해를 잘 보여 준다. 이 짧은 소설의 줄거리는 어느 시골 사람이 자신에게 열려 있던 법의 문에 들어가고자 했으나 결국 실패하고 말았다는 것이다. 데리다나 다른 통상적인 관점에서 볼 때 『법 앞에

서』는 '법의 순수한 형식', 즉 더 이상 어떤 것도 명하지 않는 바로
그 지점에서 가장 강력한 모습을 드러내는 법의 힘을 보여 주는 소
설이다. 시골 사람에게 아무것도 요구하지 않으면서 단지 열려 있
다는 사실을 명하는 것만으로도 법은 시골 사람을 자신의 수중으로
가두어 버릴 수 있었다는 것이다. 반면, 아감벤은 다소 무리한 해석
이지만 시골 사람이 오히려 법의 문을 닫는 데 성공함으로써, 공허
한 형식으로만 존재하는 법을 중지시키면서 예외상태를 실현했다
고 해석한다. 즉, 메시아적 삶은 법의 힘을 불능화하는 방식으로 이
루어진다는 것이다.

아감벤에게서 법 자체를 없애 버리거나 개선하는 방식보다 더
중요한 것은, 기존의 법을 비활성화하면서 법을 이전과는 다른 방
식으로 사용하는 것에 있다. "정의에 이르는 길을 여는 것은 법을
지우는 일이 아니라 법에서 활력을 빼앗고 작동을 멈추게 하는 일,
즉 법을 다르게 사용하는 것이다."[30] 이는 법을 자유롭게 해방시키
는 것이기도 하다. 그것은 새로운 삶의 형식들을 위한 규칙, 놀이를
위한 새로운 규칙으로서의 법을 재발명하는 것이기도 하다. 즉, 법
을 공통의 자유로운 사용으로 되돌리는 것이다.

언젠가 인류는 마치 어린 아이가 쓸모없는 물건을 갖고 노는 것처
럼 법을 갖고 놀 것이다. 이는 법을 경전에 따라 사용하는 상태로

---

30 조르조 아감벤, 『예외상태』, 김항 옮김, 새물결, 2009, 123쪽.

되돌아가기 위해서가 아니라 궁극적으로 그런 사용에서 법을 해방시키기 위해서이다. 법 이후에 발견되는 것은 법에 선행하는, 보다 적절하고 원래적인 사용 가치가 아니라 법 이후에만 태어날 수 있는 새로운 사용법이다. 그리고 법에 의해 오염되어 온 사용법도 반드시 스스로의 가치에서 해방되어야만 한다. 이러한 해방이 바로 궁리나 놀이의 임무이다.[31]

이러한 메시아적 삶은 신성화에 맞선 세속화profanation의 기획과도 일치한다. 아감벤은 탈신성화로서의 세속화를 환속화secularization와 대비시킨다. 영단어 'secular'와 상반되는 의미의 단어는 'religious'로, 여기서 'secular'라는 표현은 중세 교회법에서 교회의 재산이 속세의 재산으로 옮겨지는 것을 지칭하였다.[32] 따라서 환속화에서는 속세와 분리되었던 신성한 것의 소유권이 다시금 지상의 소유권으로 이전되는 것에 불과하다. 그러므로 정치적 환속화는 천상의 군주제를 지상의 군주제로 대체한 것에 불과한 것이므로 일종의 억압의 형식으로 기능한다. 권력의 실행을 신성한 모델로 데려감으로써 보증하게 되는 것이다. 슈미트가 근대 국가론을 세속화된secularized 신학 개념이라고 했을 때 정확히 이러한 환속화에 부합한다.[33]

---

31 앞의 책, 124쪽.

32 김상운, 「간주곡 II」(조르조 아감벤, 『세속화 예찬』, 도서출판 난장, 2010, 186쪽).

33 레비나스는 신성한(sacré) 것과 성스러운(saint) 것을 구분한다. 신성한 것은 인위적으로 신성화한 것을 지칭하는 반면, 성스러운 것은 이러한 인위적인 신성화로부터 벗어난 성

반면, 세속화는 신성한 것들로 분리되어 기존에는 사용할 수 없었던 것들의 아우라를 상실케 함으로 이들을 공통의 사용으로 되돌리는 것을 뜻한다. 즉, 권력의 장치들을 비활성화함으로써 권력이 장악했던 공간을 공통의 자유로운 사용으로 되돌리게 하는 것이다. 이는 기존의 권력을 존속시키던 분리의 형식을 폐지하는 것이자 새롭고 가능한 사용에 열어 놓는 것을 의미한다.

그런 점에서 아감벤은 환속화와 세속화 모두 일종의 정치적인 작업을 하고 있다고 말한다. 신성화와 환속화, 또는 자본주의적 종교가 추구하는 것은 배타적인 소유권, 절대적인 지배권을 확립하는 방식으로 이들을 공통의 자유로운 사용으로부터 분리시키는 것이다. "만일 '세속화하다'가 성스러운 것의 영역으로 분리됐던 것을 공통의 사용으로 되돌린다는 뜻이라면, 그 극단적 국면에서의 자본주의적 종교는 절대적으로 세속화할 수 없는 어떤 것을 창조하려고 한다."[34] 반면, 세속화는 세속화할 수 없는 것을 세속화하려 한다. 그래서 이를 공통의 자유로운 사용으로 되돌릴 뿐만 아니라 일체의 의무적 관계로부터 벗어난 새로운 놀이의 형식을 창안한다.[35]

아감벤은 메시아적 삶으로서의 세속화를 '예수의 삶'과 연결시

스러운 것을 의미한다. 한편, 데리다는 '신앙'(faith)을 정의와 관련된 수행적인 것으로 보면서 이를 종교와 구분하고 있다. 자크 데리다, 「마르크스와 아들들」, 『마르크스주의와 해체』, 230쪽.

34 아감벤, 『세속화 예찬』, 119쪽.

35 앞의 책, 124쪽.

키면서, 이는 곧 '무위'inoperative의 삶을 가리킨다고 말한다. 그것은 바울의 '~이 아닌 것처럼'의 삶이기도 하다. 즉, 메시아가 (율)법을 완료시키는 동시에 그것을 무위의 상태, 카타르게인으로 만든다. 자서전에 기록될 사실이나 사건의 총체로서의 삶의 모든 측면을 매순간 철회하고 무위적인 것으로 만들며, '예수의 삶'이 삶 속에서 나타나도록 만든다는 것이다. 이러한 메시아적 삶이란 "삶이 미리 규정된 형식과 일치할 수 없다는 불가능성으로, 삶을 '예수의 삶'으로 열기 위해 모든 비오스를 철회한다. 하지만 여기서 일어나는 무위는 단순히 무기력이나 휴식이 아니다. 오히려 그와 반대로 특히 빼어난 메시아적 유위有爲"라는 것이다.[36] 메시아의 도래가 기존의 질서를 중단시키는 것은 맞지만, 모든 것을 불능 상태로 만듦을 의미하지 않는다. 아감벤은 "메시아가 오면 뒤틀린 것은 쭉 펴지고, 장애는 아무런 문제도 되지 않으며, 망각된 것은 저절로 기억될 것"이라고 말한다.[37] 세속의 시간 속에서 하나님의 나라가 뒤틀리고 조롱거리가 될 것처럼 보이겠지만, 오히려 하나님의 나라는 그 안에 숨겨져 있다는 것이다. 메시아적 유위에서는 우리에게 숨겨진 존재, 가장 보잘것없고 길을 잃은 존재가 도리어 우리 모두를 구원으로 이끄는 역할을 하게 된다. 기존에 배제되거나 소외되었던 존재들, 지금은 하찮아 보이는 것들이 새로운 삶의 형식을 되찾으면서 새로

---

36 조르조 아감벤, 『왕국과 영광』, 박진우·정문영 옮김, 새물결, 2016, 507쪽. 번역은 일부 수정하였음.

37 아감벤, 『세속화 예찬』, 51쪽.

운 질서가 세워지는 것이다. 세속화될 수 없었던 법과 권력을 세속화함으로써 그것들은 새로운 놀이의 형식이 된다.

4. 성서의 정치신학: 탈신성화와 케노시스

바벨탑 사건과 탈신성화

성서의 「창세기」 맨 앞부분은 세상의 창조부터 시작하는 태고의 역사를 다루는데, 이를 통상 원역사(「창세기」, 1-10장)라고 부른다. 성서의 전체 관점을 조망할 수 있는 맨 앞자리에서 인류의 최초 역사에 대해 서술하고 있는 것이다. 그런데 창조 이야기를 제외한 원역사의 전체 내용은 대부분 매우 잔인할 뿐만 아니라 폭력으로 점철된 사건들을 보여 준다. 장자長子의 권리를 둘러싼 카인의 살인부터 바벨탑 사건에 이르기까지 창조주 하나님이 만든 세상은 그렇게 아름답지도 평온하지도 않은 모습으로 그려진다. 심지어 하나님 스스로 자신이 세상을 창조한 일을 두고 후회하는 내용까지 담겨 있다. "야훼께서는, 사람의 죄악이 세상에 가득 차고, 마음에 생각하는 모든 계획이 언제나 악한 것뿐임을 보시고서, 땅 위에 사람 지으셨음을 후회하시며 마음 아파 하셨다. […] '그것들을 만든 것이 후회되는구나' 하고 탄식하셨다."(6장 6-7절) 어째서 성서는 세상의 첫 모습을 이런 식으로 묘사했던 것일까?

하나님이 최초의 인간 아담과 하와에게 한 당부는 선악을 알게 하는 나무의 열매를 먹지 말라는 것이었다. 뱀은 그 나무의 열매를 먹으면 하나님처럼 될 수 있다고 유혹했으며, 그 열매를 먹은 결과로 그들은 낙원에서 추방되어 고된 노동과 출산의 고통을 겪는 삶을 살아갈 운명에 놓이게 되었다. 그 이후로 그들이 살아가는 세상에는 피와 폭력이 가득하게 되었다는 것이다. 원역사의 마지막 11장에 등장하는 사건은 바벨탑 사건으로, 인간이 하늘 꼭대기까지 닿는 탑을 쌓으려 시도했으나 하나님이 이를 막음으로써 실패하고 온 세상에 다른 언어가 퍼졌다는 이야기다.

바벨탑은 인간이 세운 도시civitas, 곧 지상 위에 인간의 힘으로 세운 도시 문명의 힘을 상징한다. "꼭대기가 하늘까지 닿는 탑을 세워 이름을 날리자. 그렇게 해서 우리가 온 땅으로 흩어지지 않게 하자."(11장 4절) 여기에는 대홍수로도 끄떡없을 거대한 도시 문명을 건설함으로써 하나님도 자신들을 어찌지 못하도록 하겠다는 의지가 담겨 있었다. 즉, 인간 자신이 하나님처럼 전능하고 절대적인 힘으로 세상을 통치하는 최고 주권자가 되겠다는, 일종의 자기 신성화의 기획이었던 셈이다. "이제 그들은, 하고자 하는 것은 무엇이든지, 하지 못할 일이 없을 것이다."(11장 6절)

그런 점에서 원역사는 세상을 창조한 하나님에 대한 이야기가 아니라, 성서가 바라보는 인간의 역사에 대한 이야기라고 할 수 있다. 최초의 인간 아담과 하와가 선악을 알게 하는 열매를 먹고 하나님처럼 절대적인 존재가 되고자 했듯이, 그들의 후손들도 하늘 끝까지 닿는 바벨탑을 세워 스스로 하나님과 같은 지상의 최고 주권자가 되고자 했다. 그러나 원역사는 이러한 인간들의 시도가 세상에 폭력과 살육의 역사를 만들어 냈음을 말해 준다. 그런 점에서 성서의 원역사는 처음부터 인간들에게 탈신성화의 과제를 부여하고 있음을 볼 수 있는 것이다.

'아무것도 아닌 자'들의 정치신학

'탈신성화'의 정치신학은 기존의 제도적·법적 테두리에 의해 규정되지 않는 '아무것도 아닌 자'를 향한다. 성서는 이스라엘 민족의 조상이 '떠돌이', 또는 '나그네'였음을 지속적으로 상기시킨다. "내 조상은 떠돌아다니면서 사는 아람 사람으로서 몇 안 되는 사람을 거느리고 이집트로 내려가서, 거기에서 몸 붙여 살면서, 거기에서 번성하여, 크고 강대한 민족이 되었습니다."(「신명기」, 26장 5절) 바울은 '아무것도 아닌 자들'이야말로 하나님이 택한 자들이라고 말한다. "하나님께서는, 지혜 있는 자들을 부끄럽게 하시려고 세상의 어리석은 것들을 택하셨으며, 강한 것들을 부끄럽게 하시려고 세상의 약한 것들을 택하셨습니다. 하나님께서는 세상에서 비천한 것들과 멸시받는 것들을 택하셨으니 곧 잘났다고 하는 것들을 없애시려고 아무것도 아닌 것들을 택하셨습니다."(「고린도전서」, 1장 27-28절)

하지만 이러한 '아무것도 아닌 자'는 단순히 주변적인 사람들만을 지칭하지 않는다. 신분, 계급, 민족, 빈부, 교육, 도덕 등 기존에 사람들을 가르던 배제와 차별의 기준들로부터 소외된 사람들을 가리키는 것이다. 그런 점에서 '아무것도 아닌 자'들은 랑시에르의 표현처럼, 자격 있는 자와 자격 없는 자를 구분하던 기존의 정치에 대해 반문을 던지는 존재라고 해야 한다. 랑시에르에게 있어 정치는 몫이 없는 자들이 자신의 몫을 주장하는 불화의 과정을 의미했다.

누가 자격이 있는지에 대한 여부를 결정함에 대해 자격 없는 자들이 적극적으로 반기를 드는 일이 정치라는 것이다.[38]

성서가 제시하는 진정한 성스러움saint은 탈신성화, 혹은 세속화로부터 시작된다. 그것은 신에 대한 인위적인 예찬을 의미하지 않는다. 그러한 인위적 예찬은 결국 인간 자신을 높이는 자기 신성화로 귀결되었을 따름이다. 오히려 성서는 신이 아닌 모든 것을 탈신성화하는 것에서 진정한 성스러움의 길을 찾기를 제안한다. 스스로를 낮추고 비우는kenosis 세속화의 시도에 의해서만 진정한 성스러움에 다가갈 수 있다는 것이다.

케노시스, 혹은 불가능성의 정치신학

성서에는 현재의 지배적 질서, 현재 주어진 한계를 넘어서 불가능한 것을 실현하려는 내용으로 가득하다. 성서의 인물들은 불가능한 것을 고대하고, 불가능한 것을 위해 살아간다. 프로이트는 종교를 현실로부터 도피하고자 만들어 낸 일종의 망상으로 간주했다. 하지만 성서의 메시지들은 '불가능한' 것을 추구하라 설파함으로써 현실의 제한된 한계, 우리의 삶을 지배하는 경계들을 뛰어넘을 것을 요구한다.

우리는 메시아적 시간을 현실에 도입하려는 시도가 언제나 가능하고 성공했다고 말할 수 없다. 아니, 그러한 시도는 오히려 그것

---

38 자크 랑시에르, 『정치적인 것의 가장자리에서』, 양창렬 옮김, 길, 2008, 133-134쪽.

의 불가능성을 더 많이 보여 주고 있는 듯하다. 성서는 우리에게 야훼 종교의 해방적 전통이 역사 속에서 언제나 '승리'해 온 것이 아님을, 오히려 더 많은 실패를 통해서 추구되어 왔음을 증언하고 있다. 그런데 여기서 간과해서는 안 될 점은 이러한 불가능성이 우리가 속한 세계가 허용할 수 있는 경계가 무엇인지 드러나는 지점이기도 하다는 것이다. 그렇게 불가능성의 경계가 드러나는 순간부터 기존의 견고한 경계는 의문에 부쳐지며 서서히 그 지반이 흔들리기 시작하는 까닭이다.

앞에서 우리가 논의한 '메시아적 시간'이나 '메시아적 사건'들은 현실의 지배적인 질서, 가치관에서 볼 때 그 자체로 실현 불가능한 것이다. 하지만 이러한 메시아적 시간의 개입, 메시아적 사건을 통해서 기존의 가치나 질서를 뛰어넘는 새로운 가치, 질서가 도입된다. 그런 점에서 메시아적 정치신학은 불가능성의 정치신학이기도 할 것이다. 그러므로 벤야민이 말했던 '약한' 메시아적 힘은, 데리다의 해석처럼 힘의 약화로 이해될 수 없다. 바울이 "내가 약할 그때에, 오히려 내가 강하기 때문입니다"(「고린도후서」, 12장 10절)라고 하는 것은, 기존의 지배적인 가치에서 평가할 때 잘 포착되지 않는다는 점을 의미할 따름이다. 그것은 기존의 관점에서 식별 불가능하거나 시대에 맞지 않는unzeitlich 것으로 등장하기 때문이다.

맺으며

나는 이 책을 통해 우리의 삶을 지배하고 있는 정치적 우상을 폭로하고 그것을 극복하는 방안을 모색하고자 하였다. 이를 위해 현대 정치철학이 바울에 주목하게 된 배경에서부터 구약 및 신약성서의 메시아주의, 그리고 정치신학에 관한 최근 논의들까지 차례로 살펴보았고, 근대 이후로 신성화에 의해 만들어진 정치적 우상과 대결하는 시도를 '탈신성화'의 정치신학으로 명명하였다.

이러한 탈신성화의 정치신학은 동시에 불가능성의 정치신학이기도 하다. 불가능성의 정치신학은 무엇보다도 기존의 정치에 대해 정의justice의 무한한 요구를 대립시킨다. 기존의 정치가 국민적 화해와 단합, 번영과 안정, 자유와 공정 등 이상화된idealized 정치 슬로건을 말할 때, 불가능성의 정치신학은 이것이 기존의 법과 권력을 강화할 뿐이며 결국 실패할 수밖에 없는 기만과 허상임을 폭로하고자 한다. 나아가 현실적인 한계를 이유로 기존의 법적, 제도적 테두리 내에 머무르려는 것을 당연시하거나 정당화하려는 시도를 비판한다. 그것은 결국 정치적 우상이 등장하는 현실적인 계기로 작용할 것이기 때문이다. 정의의 무한한 요구로서의 불가능성의 정치신학은 이처럼 기존의 정치를 해체하는 방식으로 작동한다.

여기서 말하는 '불가능성'이란, 지금은 불가능하지만 언젠가 가능하리라는 낙관적 기대와 아무런 상관이 없다. 현실에서 정의의 무한한 요구를 완전히 실현한다는 것은 불가능하다. 하지만 그러한 불가능성은 도리어 현실의 변화를 추구해야 할 이유를 제공한다. 현실의 한계에도 불구하고 정의를 실현하기 위해 변화를 추구하는 모든 시도에 이미 정의의 무한한 요구가 기입되어 있다. 정의의 무한한 요구를 외면한다면 현실의 변화를 위한 어떠한 시도들도 결국에는 중단되어 소멸에 이를 수밖에 없을 것이다. 불가능한 것이 없이는 가능한 것도 존재할 수 없다. 불가능성은 언제나 이미 도래해 있으며 모든 가능한 것이 실행되는 조건을 이룬다.

더 나아가 불가능성의 정치신학은 아직 현실에 존재하지 않는 미래를 현재에 도입하려는 '불가능한' 시도를 감행한다. 그것은 현재와 무관한 머나먼 시점에 존재할 미래가 아니라 현재의 매 순간마다 우리에게 도래하는 낯선 시간으로서의 미래다. 따라서 미래는 더 이상 현재를 무한히 연장하거나 역사의 마지막 순간에 도달할 어떤 것이 아니다. 불가능성의 정치신학은 예기치 못한, 이질적인 사건으로 우리에게 찾아오는 타자로서의 미래에 열려 있다. 이로 인해 현재의 가능한 것들은 해체될 위험에 놓이지만, 이러한 위험은 오히려 현재에게 구원의 계기로 작용한다. 우리에게 가려져 있고, 버려지거나 배제되었던 낯선 존재가 자신의 삶을 되찾으며, 모든 것을 포획하던 현재의 질서는 더 이상 억압의 형식이길 멈추고 새로운 삶의 의미를 빚어 내는 삶의 형식이 된다.

따라서 불가능성의 정치신학은 메시아적 삶을 실행하는 현실적 운동이기도 하다. 즉, 신성화의 정치신학이 이상화한 허상과 억압의 형식들을 매 순간 철회시키면서 우리의 삶 속에서 메시아적 삶을 실천하는 것이다. 메시아적 삶, 거기에 새로운 존재로의 변화, 곧 진정한 구원이 있다. "누구든지 메시아 안에 있으면, 그는 새로운 피조물입니다. 옛것은 지나갔습니다. 보십시오, 새것이 되었습니다."(「고린도후서」, 5장 17절)

참고 문헌

고지현, 「발터 벤야민의 초기 주 저작 『독일 비애극의 기원』에서의 칼 슈미트의 비판적 수용」, 『사회와 철학』 제9호, 사회와철학연구회, 2005.

김은규, 『구약 속의 종교권력』, 동연, 2013.

노트, 마르틴. 『이스라엘 역사』, 박문재 옮김, CH북스, 1996.

니체, 프리드리히. 『즐거운 지식』, 권영숙 옮김, 청하, 1995.

데리다, 자크. 『마르크스주의와 해체』, 진태원·한형식 옮김, 도서출판 길, 2009.

_____. 『법의 힘』, 진태원 옮김, 문학과지성사, 2004.

_____. 『신앙과 지식』, 신정아·최용호 옮김, 아카넷, 2016.

_____. 『마르크스의 유령들』, 진태원 옮김, 그린비, 2007.

랑시에르, 자크. 『정치적인 것의 가장자리에서』, 양창렬 옮김, 길, 2008.

레비나스, 에마누엘. 『존재에서 존재자로』, 서동욱 옮김, 민음사, 2003.

_____. 『전체성과 무한』, 김도형·문성원·손영창 옮김, 그린비, 2018.

마르크스, 칼. 「헤겔 법철학의 비판을 위하여. 서설」, 『칼 맑스 프리드리히 엥겔스 저작 선집 1』, 최인호 외 옮김, 박종철출판사, 1991.

바디우, 알랭. 『사도 바울』, 현성환 옮김, 새물결, 2008.

베버, 막스. 『탈주술화' 과정과 근대 학문, 종교, 정치』, 전성우 옮김, 나남출판, 2002.

벤야민, 발터. 『방법으로서의 유토피아』(아케이드 프로젝트 4), 조형준 옮김, 새물결, 2008.

_____. 『역사의 개념에 대하여 / 폭력비판을 위하여 / 초현실주의 외』, 최성만 옮김, 길, 2008.

_____.『독일 비애극의 원천』, 최성만·김유동 옮김, 한길사, 2009.

브라이트, 존.『이스라엘 역사』, 박문재 옮김, CH북스, 1993.

브레너, 미하엘.『다윗의 방패-시온주의의 역사』, 강경아 옮김, 들녘, 1987.

블로흐, 에른스트.『희망의 원리 2』, 박설호 옮김, 열린책들, 2004.

_____.『저항과 반역의 기독교』, 박설호 옮김, 열린책들, 2009.

생크스, 허셜 외.『고대 이스라엘의 기원』, 강승일 옮김, 한국신학연구소, 2008.

슈미트, 칼.『정치신학』, 김항 옮김, 그린비, 2010.

_____.『정치신학 2』, 조효원 옮김, 그린비, 2019.

_____.『합법성과 정당성』, 김도균 옮김, 도서출판 길, 2015.

_____.『현대 의회주의의 정신사적 상황』, 나종석 옮김, 도서출판 길, 2012.

_____.『로마 가톨릭주의와 정치형태』, 김효전 옮김, 교육과학사, 1992.

슈테게만, 볼프강&에케하르트 슈테게만,『초기 그리스도교의 사회사』, 손성현·김판임
    옮김, 동연, 2009.

아감벤, 조르조.『내전』, 조형준 옮김, 새물결, 2017.

_____.『세속화 예찬』, 김상운 옮김, 도서출판 난장, 2010.

_____.『예외상태』, 김항 옮김, 새물결, 2009.

_____.『왕국과 영광』, 박진우·정문영 옮김, 새물결, 2016.

_____.『호모 사케르』, 박진우 옮김, 새물결, 2008.

_____.『남겨진 시간』, 강승훈 옮김, 코나투스, 2008.

아우구스티누스,『성어거스틴의 고백록』, 선한용 옮김, 대한기독교서회, 2003.

알베르츠, 라이너.『포로시대의 이스라엘』, 배희숙 옮김, CH북스, 2006.

_____.『이스라엘 종교사 1·2』, 강성열 옮김, CH북스, 2003.

알튀세르, 루이.『당내에 더 이상 지속되어선 안 될 것』, 이진경 엮음, 새길, 1992.

앤더슨, 버나드 W.『구약성서 이해』, 강성열·노항규 옮김, CH북스, 1994.

이진경,『맑스주의와 근대성』, 그린비, 2014.

정기문,『그리스도교의 탄생』, 길, 2016.

정승우,『로마서의 예수와 바울-로마서 사회학적 해석』, 이레서원, 2008.

지젝, 슬라보예.『폭력이란 무엇인가』, 이현우·김희진·정일권 옮김, 난장이, 2011.

칸트, 임마누엘.『이성의 한계 안에서의 종교』, 신옥희 옮김, 이화여자대학교출판문화원,
    1984.

타우베스, 야콥.『서구 종말론』, 문순표 옮김, 그린비, 2019.

트로크메, 에티엔느.『초기 기독교의 형성』, 유상현 옮김, 대한그리스도교서회, 2003.

포러, 게오르그.『구약성서개론(상)』, 방석종 옮김, 성광문화사, 1985.

하르낙, 아돌프 폰.『기독교의 본질』, 오흥명 옮김, 한들출판사, 2007.

하이데거, 마르틴.『종교적 삶의 현상학』, 김재철 옮김, 누멘, 2011.

_____.『동일성과 차이』, 신상희 옮김, 민음사, 2000.

한동구,『고대 이스라엘의 사회사』, 대한기독교서회, 2001.

호슬리, 리처드 A. 편,『바울과 로마 제국-로마 제국주의 사회의 종교와 권력』, 홍성철 옮김, 기독교문서선교회, 2007.

홉스, 토마스.『리바이어던 1-교회국가 및 시민국가의 재료와 형태 및 권력』, 진석용 옮김, 나남, 2008.

휘틀럼, 키스 W.『고대 이스라엘의 발명』, 김문호 옮김, 이산, 2003.

Coogan, M. D. *Stories from Ancient Canaan*, Westminster Press, 1978.

Cross, F. M. *Canaanite Myth and Hebrew Epic*, Harvard University Press, 1973.

Derrida, J. "Sauf le Nom(Post-scriptum)", *On the Name*, trans. David Wood, Stanford University Press, 1993.